◎ 2012年教育部人文社会科学基金项目《新疆和田河流域传统村镇聚落形态演化研究》成果
◎ 课题编号：12YJCZH083
◎ 新疆维吾尔自治区高校人文社会科学重点研究基地新疆民族民间美术研究中心资助

新疆和田河流域
传统村镇聚落形态演化研究

姜丹 著

中国建筑工业出版社

图书在版编目（CIP）数据

新疆和田河流域传统村镇聚落形态演化研究 / 姜丹著. —北京：中国建筑工业出版社，2016.11
ISBN 978-7-112-20092-4

Ⅰ. ①新… Ⅱ. ①姜… Ⅲ. ①乡镇－聚落地理－研究－新疆 Ⅳ. ①K924.5

中国版本图书馆CIP数据核字（2016）第273458号

责任编辑：李东禧 唐 旭 陈仁杰
责任校对：陈晶晶 李美娜

新疆和田河流域传统村镇聚落形态演化研究
姜 丹 著
*
中国建筑工业出版社出版、发行（北京海淀三里河路9号）
各地新华书店、建筑书店经销
北京锋尚制版有限公司制版
北京中科印刷有限公司印刷
*
开本：889×1194毫米 1/20 印张：7⅗ 字数：200千字
2016年11月第一版 2016年11月第一次印刷
定价：38.00元
ISBN 978-7-112-20092-4
（29569）

序

《新疆和田河流域传统村镇聚落形态演化研究》是一部针对新疆干旱内陆河流域传统人居文化、聚居形态研究领域的学术成果，在最初开展项目调研时期我便有所关注。

吴良镛教授曾在《广义建筑学》中指出过："建筑学首先是关于聚落的建筑学……只有单个建筑的概念，而没有聚落的概念，似乎不可能完整地解释历史上人类的建筑活动。"新疆自古以来孕育了数以百计的古丝路城镇遗址与原始聚落，其演化历程中记载了大量少数民族世代沿袭的聚落营建经验、工艺美学与生态建造技术，是人居空间整合过程中延续少数民族原始社会关系的关键因素，至今仍保留着乡土淳朴的人居生态观和价值观，是西域民族社会极其珍贵的人居文化遗产，目前在"一带一路"政策的历史机遇下，新疆传统村镇聚落正处于大规模转型的关键时期。

然而，虽然我国的传统民居研究硕果累累，但是在西部少数民族领域，特别是新疆地区尤为匮乏，国内外针对本区境内传统型聚落的研究著述极为少见，绝大多数是以论文形式散落在各类期刊中，其成果并未能构成系统性的研究体系，普遍缺乏多学科的综合性分析，地域针对性也较为模糊，实践研究规模仍较为局限，从而导致了现阶段理论研究的乏力。此外现阶段对人居遗产空间的研究也多限于单体民居或小范围聚居群组，在实测方面凸显不足。因此这部学术成果的问世，以建筑艺术学的视角拓展了少数民族地区传统村镇聚落的基础研究方法，在整合乡村地理学、经济学、社会学、人类学等多学科理论成果的基础上，对聚落自身发展规律做出价值判断，并在复杂多样的民族社会形态背景下，探讨具有普遍意义的规划理论与革新策略，在一定程度上弥补了我国乡村聚落研究在西部少数民族领域的缺环。随着我国西部大开发战略的实施，少数民族优秀传统人居文化的挖掘与保护被列入了国家议事日程，因此这部学术成果也是对民族乡村转型及新农村建设进行的有益探索。

可以说该部学术成果在选题、研究基础、策略、内容上都具有明显的特色，论证过程以翔实、扎实的调研成果为依据，在写作脉络中一丝不苟，我认为极具学术价值，也是达到了预期目标的，目前这部学术成果的编写虽已画上句号，但是其研究还在继续。

李群

2016年10月8日

前言

新疆和田河流域位于天山山脉南麓，全程贯穿塔里木盆地西缘，囊括了阿瓦提、墨玉、洛浦、和田等周边绿洲城镇与众多西域少数民族历史文化地区，辐射了古丝绸之路上“使者相望于道”、“贝贩往来不绝”的经济、文化腹地，同时也是草原游牧少数民族政权和中央集权的军事、政治势力交织地带。

自先秦以来，和田河流域便成为繁衍众多古代民族聚落聚居地的重要河流廊道，如河西走廊的赛种、允戎，战国秦汉之际的月氏、乌孙，汉代以后的突厥、柔然等民族均曾在此纵横捭阖、回马扬鞭，千百年来，以其特有的风物人情，上演着一部部恢宏、神秘的西域皇皇巨著，雄浑浩瀚、胡旋舞蹈、女儿梦乡，形成了荒漠基质上以河流廊道为主线的人居聚落群，孕育了数以百计的古丝路城镇遗址与原始绿洲聚落。同时，和田河流域辐射的南疆地区少数民族聚落聚居地也是我国西部社会结构的关键组成部分，是集成干旱绿洲地域人居方式的基本表现形式，作为传播丝路文化的重要窗口，在多民族共存的历史长河中，以其独特的宗教伦理思想及生态智慧，塑造了有别于中原文化的西域少数民族人居意识形态，为今天少数民族地区人居环境建设，提供了重要启示，也为弘扬西部边疆多元文化的发展起到了不可替代的作用。在历朝历代以绿洲为基本生存场所的人地关系演化进程中，和田河流域孕育下的少数民族传统村镇聚落始终保留着乡土、淳朴的人居生态观和价值观，在自然生态条件与传统认知能力的影响下繁衍生息，并主导着我国西部地区的聚居方式、家庭组织、制度意识以及适地适生的聚落营建模式，逐渐成为嵌入西部特殊自然地理环境的复合人工系统，是西部社会结构和村镇发展的主要因素，也是我国聚落文化的重要组成部分。

本文立足于建筑学专业的研究背景，整合乡村地理学、经济学、社会学、人类学等多学科理论成果，在复杂多样的民族社会形态背景下，以创新民族地区传统聚落的基础研究方法为目的，结合地理资源与聚落建筑空间组织模式，探索新疆干旱内陆河流域传统人居聚落形态演化的“村域”生长因素及“村内”空间体系。基于和田河流域的自然环境格局、地域资源、建筑空间组织模式，以及我国西部大开发战略的整体发展趋势，为正在经历巨变的新疆少数民族传统村镇聚落提供较为合理的新农村建设优化策略，进一步拓宽聚落研究领域的学术视角，同时对引导我国西部普遍存在的生态脆弱型聚落建设与可持续发展具有现实意义。

姜丹

2016年10月10日

目 录

绪　论

一、选题背景

在建筑学的研究视域之内，除了神圣的宗教建筑与华丽的宫廷建筑外，还广泛存在着大量与民生息息相关的乡土聚居形式，吴良镛教授在《广义建筑学》中指出：“从原始时代的树巢土穴，到后来的村镇城市，我们都可以看到聚居的存在和重要性——只有单个建筑的概念而没有聚居的概念，似乎不可能完整地解释历史上人类的建筑活动”①。在讨论复杂社会文化和聚居文化的进程中，聚落无疑比单体建筑本身容纳了更多的信息，因而也越来越受到各学科领域的关注。从近些年来中国期刊全文数据库（CNKI）的统计显示来看，自1994起，我国关于聚落研究的期刊文献数量迅速上升，可见聚落的相关研究已经逐步成为地域建筑文化研究的新走向②。

在我国新疆地区，由于民族、文化、物种的多样性，自古便衍生了众多个性鲜明、千姿百态的少数民族历史聚落，随着一带一路③政策的推行，这里正成为建筑学界研究的热土，因此结合该背景，本文确定此选题的原因有二：

第一，和田河流域流经的塔里木盆地地带，是我国最大的极干旱内陆盆地区域，这一区域早在新石器时代便有人类活动的痕迹，在生产力不发达的历史阶段，原始聚落与生态环境保持着低水平的协调，不仅具有绿洲生态格局的显著特征，更引导着西部少数民族地区多元复合的文化格局，因此本文的研究正是深入展开本区绿洲型聚落研究的重要切入点之一。

第二，在西部大开发策略的实施进程下，和田河流域流经的南疆地区作为我国向西开放的大通道和“桥头堡”，以及面向中亚、西亚、南亚国家的商业

---

① 吴良镛．广义建筑学[M]．北京：清华大学出版社，1989：7.

② 李建华、张兴国．从民居到聚落：中国地域建筑文化研究新走向—以西南地区为例[J]．建筑学报．2010(3)：23.

③ 由习近平主席于2013年9月和10月分别提出的建设“新丝绸之路经济带”和“21世纪海上丝绸之路”的战略构想。“一带一路”不是一个实体和机制，而是合作发展的理念和倡议，是依靠中国与有关国家既有的双多边机制，借助既有的、行之有效的区域合作平台，旨在借用古代“丝绸之路”的历史符号，高举和平发展的旗帜，主动地发展与沿线国家的经济合作伙伴关系，共同打造政治互信、经济融合、文化包容的利益共同体、命运共同体和责任共同体。

集散地，在社会经济迅猛发展的促使下，正在经历着迅速的社会发展与膨胀。虽然近年来本区城乡建设取得了较大进展，但仍存在发展无序、空间结构散乱、生态环境意识淡薄等问题，长久以往将会严重制约本区社会经济的整体发展。因此本文的研究是少数民族地区开展新农村建设与城镇化发展的时代性课题之一。

二、学术意义

在建筑学术界，由于我国历史上汉民族的中心地位，使以汉文化为核心影响力的中原聚落、江南聚落等成为相当长时间的研究重点，主流的学术倾向导致了对新疆少数民族地区聚落的研究一直未得到应有的重视，长久以来学术界的相关课题研究也相对较为滞后。并且由于目前国内学术界尚未在全国范围内进行系统的人居聚落田野调查，作为文化现象极为多样的新疆少数民族地区，现存大量传统自然村聚落，类型多样、自发演变性极强，具有极高的研究价值，然而相关学术著作仍旧凤毛麟角。因此本文的研究能够进一步拓展传统聚落研究在西域少数民族领域的缺失，并达到完善绿洲聚落史料体系积累的目的，带动学术界对民族地区建筑史学、聚落史学的关注。

此外，本文立足于建筑学专业的研究背景，整合乡村地理学、经济学、社会学、人类学等多学科理论成果，在复杂多样的民族社会形态背景下，以创新传统聚落的基础研究方法为目的，结合地理资源与聚落建筑空间组织模式，提出影响新疆干旱内陆河流域传统村镇聚落形态演化的“村域”生长因素及“村内”空间体系，基于新疆干旱内陆河流域的乡土地域资源、建筑空间组织模式的聚落研究体系，进一步拓宽研究领域的学术视角，对完善基于多学科、多视角的西部民族地区农村建设发展理论体系与科学研究范式具有创新意义。

改革开放以后，我国的经济迅猛发展，但由于区域经济的不平衡使新疆各区域的发展相对滞后，反而为本区绿洲型传统聚落的留存创造了良好的土壤，也正是由于这一原因，目前南疆地区大量研究价值极高的传统聚落还未受到现代建设大潮的严重冲击。然而由于少数民族民居在建造工艺、材料等方面本身存在的缺陷，建筑结构较为脆弱，在恶劣的气候环境影响下极易受到破坏且难以恢复，加之社会现代化进程导致了少数民族生活方式发生了巨大的改变，使得传统聚落在经济发展和社会变革中正处于极度衰落的状态，其所携带的丰富的历史文化信息正在逐步消亡。同时由于这种原生的聚落营建经验仍大量流传至民间，一直以口口相传、师带徒的形式传承，一旦消失将不具备再生性，如不及时抢救和保护，只会随着人类文明的演进而逐渐自然消亡。因此本文的研究针对少数民族人居遗产空间的保护显得尤为紧迫，同时研究成果可协助文保单位开展建筑遗产记录、文物保护规划基础资料汇编等工作，具有现实意义。

近年来，随着我国工业化浪潮的推进，以及20世纪80年代之后的经济迅猛发展和人口膨胀，我国西部大开发的策略正逐步成为平衡东、西部经济差距的重要手段，这也使得本区许多传统聚落正在经历前所未有的迅速发展，催生出了区域型新兴聚落组群。然而发展的同时不可避免地导致传统聚落出现空心化、空间结构散乱、发展无序等突出问题。因此本文的研究成果可被应用于建筑、规划、路桥等行业，在科学规范及指导新农村建设、农村住房集约化建设、民族乡散杂居保护性改造等项目实施的领域具有重要的应用价值，对引导我国西部普遍存在的生态脆弱型聚落建设与可持续发展具有重要意义。

三、研究方法

本书的研究首先采用了田野调查法①，田野调查被公认为是人类学学科的基本方法论，也是最早的人类学方法论。本文在开展研究的过程中通过实地调研与现场勘测的方法开展调查，工作重点放在两个方面：一是对和田河流域，以

① 田野调查又叫实地调查或现场研究，是由英国功能学派的代表人物马林诺夫斯基奠定的，其最重要的研究手段之一就是参与及观察，从中深入了解和认识调查地的社会与文化等信息。

及部分南疆地区传统村镇聚落的生成背景进行了详细了解，如聚落的起源与变迁，社会组织结构、血缘宗族关系及公共事务的运行机制；民间信仰和风俗；聚落及建筑空间的分配和使用变迁；匠师流派、营造方法及建筑营建仪式等。另一方面则是抽样选定调研地点并辅以野外测绘技术，勘测并绘制古聚落遗址、聚落布局图、建筑布点图，典型建筑单体（公共建筑和居住建筑）平面和剖面以及造型装饰记录，测绘比例为1：500，进行聚落总体布局测绘时，通过定位及测绘器械，获取地理本底信息、拓扑[①]信息、聚落与建筑布局数据等。

由于研究的地域范围较广，因此在选择确定田野调查地点的时候应遵循以下两个原则：首先，确保调研地点的典型性，能够代表这一类型乡土文化的基本特点；其次，调研点要尽量全面覆盖研究区域，除典型区域的典型代表外，环塔里木盆地周边的过渡地区也要有所兼顾。

在确定样地调查区并获得田野考察资料后，开展和田河流域传统村镇聚落形态历史演化资料的采集工作，主要包括文字文献资料整理、建筑测绘资料整理两部分。文字文献等表述材料的收集整理包括：南疆地区方志、历史典籍、族谱碑记、文化及风俗的研究文献；建筑测绘资料则以地方建筑院、勘探院的历年勘测资料为基础，辅以田野勘测结果进行对比分析，对建筑的空间结构形态（平面布局、墙体空间围合空间、功能组织）、建筑的构件元素形态（梁、柱、椽子等结构件），以及建筑选材、建造方法、装饰艺术及工艺等资料进行搜集和整理，并以此作为依据，梳理历史演化线索与节点，丰富和充实本研究基础，扩宽研究视野有助于深入开展研究。

由于南疆地区自然和人文现象的复杂多样性，因此本文在田野调查和文献资料研究的基础上，从人文地理学、社会学、文化传播学等多学科研究审视、剖析本区干旱绿洲型传统聚落空间形态的发生和发展，并采用绘图、图解的方法，通过横向分析，找出绿洲人居环境之间空间结构差异；通过纵向比较，找出某一绿洲村镇聚落演变的历史演化特征与空间结构的变化差异。分类梳理传统村镇聚落形态的“村域”生长因素及“村内”空间结构等内容，对先民生存

---

① 拓扑的英文名是Topology，直译是地志学，是研究地形、地貌的有关学科。

样态信息进行调查研究，通过空间形态背后的时空变化与人文变迁，探索聚落形成和演变的社会环境及自然环境成因。

四、主要创新点

本书以新疆和田河流域传统村镇聚落作为研究对象，借鉴人类社会学、历史学、规划学等相关专业学科的部分成果进行交叉学科综合研究。在繁荣新疆民族地域文化的基础上，保护、传承新疆干旱内陆河流域的传统人居环境生存模式，围绕其历史演进、空间组织、文化内涵及当代价值等几个方面展开系统讨论，从而探索少数民族聚落发展与空间结构优化的理论、实践途径，旨在为构建科学合理、职能协调、布局完善、生态环境良好的新型绿洲城乡建设奠定基础。

本书围绕目前区内外学术成果较为匮乏的村落型聚落落脚，研究范围缩小至自然村单元，创新“村域”生长驱动机制结合“村内”空间组织结构的理论研究模式，以期进一步完善西部干旱地区人居聚落的理论研究体系。此外，本书以历史维度探讨干旱绿洲聚落不同阶段的空间形态特征，以空间维度构建不同绿洲形态尺度下传统聚落的地域资源与聚落营建模式，进而梳理西部干旱地区地域性人居聚落的普适性“生长”规律，通过分析聚落空间形态的时空演变过程、社会人文特征与基本规律，完善西域绿洲聚落史料的收集，针对不同绿洲空间形态下的聚落的地域组织模式，归纳其空间结构与生态模式，为相关研究领域提供可资借鉴的应用价值。

第一章

和田河流域传统村镇聚落形态的研究基础

第一节　研究概念的界定

一、何谓绿洲

“绿洲”一词见诸文献已有悠久历史，由于其本身所具有的浪漫文学色彩，早期绿洲一词被更多地用于描述西域自然风貌的文学作品中。随着研究的不断深入，人们发现表象的描述似乎难以说明绿洲作为一种独特的生态系统长期与荒漠共存的本质，因此地理学家和区域经济学家开始着手从系统论、哲学思想等观点重新认识和定义绿洲。

首先，绿洲作为地理学名词，是指在大尺度荒漠背景基质上的地理系统，依靠周边山脉雪水灌溉，以及地下水系、地表水系孕育而生。新疆的干旱绿洲型聚落多分布于塔里木盆地和准噶尔盆地边缘的高山山麓地带，在浩瀚沙漠中的片片沃土中，终年淡水源源不断，土壤肥沃、灌溉条件便利，并多呈带状斑块分布，是新疆干旱地区农牧业发达的地方，就像是沙漠瀚海上美丽的珍珠，镶嵌在沙漠里，闪烁着神奇的色彩（图1-1）。

图1-1　新疆绿洲
（图片来源：网络）

其次，绿洲同时也

作为生物学名词存在，是指在小尺度范围内以相当规模的生物群落为基础，构成相对稳定维持的、具有明显小气候效应的异质生态景观，也存在于干旱区且以植被为主体的生态系统。近年来，一些学者从景观生态学的角度对绿洲的概念进行了有益的探索，认为相当规模的生物群落可以保证绿洲在空间和时间上的稳定性及结构上的系统性，其小气候效应则保证了绿洲能够具有人类和其他生物种群活动的适宜气候环境，有利于形成景观生态健康成长的生物链结构。

同时，绿洲的分类方法很多，可以从绿洲的功能、历史、区域、土壤、水文条件、形成方式等多个方面来划分绿洲的类型。

就绿洲的功能而言，和田河流域所流经的现代绿洲中主要以农业绿洲（图1-2）为主，具有良好的光热资源和丰富的水资源，人居聚落也通常分布在河流中游的冲积平原，例如和田地区的墨玉、洛浦、阿克苏地区的阿瓦提等地。近年来，由于城乡结构发生变化，城镇职能扩张，部分绿洲已很难分清其类型，很多农业型绿洲有不断城镇化的趋势，因此学术界纷纷提出了复合型绿洲的概念。

就建筑学的角度认为，现代绿洲是干旱区人类生存最重要的人地关系聚居系统，分散且局部密集是其最突出的形态特征，是人类赖以生存的聚居地。但从绿洲历史资料的考证与遗址发掘情况中发现，新疆大量的古干旱绿洲经历过人类过度活动毁灭的迹象，例如孔雀河下游的楼兰古城（图1-3）等。在人类原

图1-2　新疆传统农业型聚落
（图片来源：924特刊）

图1-3　楼兰古城遗址
（图片来源：《丝绸之路·新疆古代文化》，祁小山、王博编著，乌鲁木齐：新疆人民出版社）

始活动期间，绿洲一直在自然界干旱与风蚀的灾害中自我挣扎，结构简单、功能单一，然而随着人类智慧的创造，逐步完善了绿洲聚居系统的灌溉体系、改进了绿洲的植被类型，使人居结构更加合理，功能更加多样，人居活动更为频繁，但盲目的人类活动却往往使绿洲面临着空前的危险，因此人类活动对于绿洲来说是把双刃剑。

二、何谓传统村镇聚落

追溯“聚落”（图1-4）一词的起源，最早可见《汉书·沟洫志》中“贾让奏：（黄河水）时至而去，则填淤肥美，民耕田之，或久无害，稍筑室宅，遂成聚落”的描述①。这里的“聚”是指聚集，而“落”是指落地生根之意。在汉代，“聚”则通指乡以下的自然聚居地，不具备行政意义，后来逐渐形成了三级划分，即：大聚为都会、中聚为大郡、小聚为乡村。《辞海》中将“聚落”一词解释为“人类聚居的地方”，聚落并不以尺度或规模为界限的，而是“在一定地

图1-4　喀什噶尔老城区鸟瞰图（图片来源：《喀什老城区抗震改造和风貌保护研究》（规划文本），王小东）

① 林志森．基于社区结构的传统聚落形态研究[D]．天津大学博士毕业论文，2009：65.

域内发生的社会活动和社会关系，具有特定的生活方式，由共同的人群组成，具有相对独立的地域生活空间和领域。[①]”《现代地理学辞典》中，将“聚落”定义为：“人类为了生产和生活的需要而集聚定居的各种形式的居住场所。包括房屋建筑的集合体，以及与居住直接有关的其他生活设施（如道路、公共设施、园林绿化、港站等）和生产设施。”在英语语境中，“聚落”的概念更加宽泛，根据Webster英文字典的定义，“settlement”包括下列涵义：（1）地方或村落；（2）定居的活动或过程；（3）社会团体；（4）合法的持有活动；（5）一种协议。总而言之，聚落既是一种空间系统，也是一种复杂的经济文化现象，不仅包括了人类生存形式及空间的记载，还包括了规律、制度和价值观的认同，是在特定的社会及地理环境背景中人类活动与自然相互作用的综合结果，并在社会组织、文化观念、自然生态和经济技术的共同作用下，包含了不同的意义[②]。

20世纪50～60年代希腊学者道萨迪亚斯（C. A. Doxiadis）曾提出人类聚居学[③]的概念，认为凡是囊括了人类聚居的一切社会活动及生产空间的乡镇、村落、自然村组及建筑群均可以被定义为传统村镇聚落，“乡土性”则是传统村镇聚落最直接的人居文化表现。

“乡土”意为本地语或方言，同时也代表了“故乡”的含义，而“乡土”一词从字面上理解，则包含有两个层面的意义。一是“家乡、故土”的含义，《列子·天瑞》：“有人去乡土，离六亲，废家业”中的“去乡土”意即背井离乡。二是指“地方、区域”，三国曹操在《步出夏门行》之《土不同》一章中写道：“乡土不同，河朔隆寒”，描述了隆冬季节冀州乡土与黄河南岸土地的大不同。从人居领域考察“乡土”的含义，有学者认为应从其“乡村、土俗”的字面含义出发，认为乡土实则是在某一特定时期，针对某一特定区域，远离其文化经济中心，滞后于当地一般生产力水准，偏离当时的潮流文化趋势

① 余英. 中国东南系建筑区系类型研究[M]. 北京：中国建筑工业出版社，2001：116.
② 余英. 陆元鼎. 东南传统聚落研究：人类聚落学的架构[J]. 华中建筑，1996. 4.
③ “人类聚居学”由希腊著名建筑规划师道萨迪亚斯在20世纪50年代提出，又称城市居住规划学、人类环境生态学，认为人类聚居必须由五个基本要素组成，即：自然界、人、社会、建筑物、联系网络，人类聚居学的研究内容包含三个方面：人类聚居关系、演化、聚居特点；聚居成因、聚居结构、密度、形式；人类聚居建设的未来计划、方针、政策和工作步骤。

的人居风格现象。

乡土性的提出通常是相对城市特性而言的，其概念包含了乡村的物理空间方面：聚落空间、乡村聚落与生态环境、田园景观；社会文化方面：民风民俗、社区氛围；经济产业方面：特色产业、农耕文化等诸多的因素。然而在少数民族聚居区，这些土生土长的乡土气息和积淀千年的精湛技艺，因自然、地理、文化等因素的差异，呈现出本乡土性的特质，成为千百年来人们征服自然、改造自然、利用自然所积累的科学技术与艺术的结晶，具有极高的乡土文化价值。

然而“乡土聚落”与“传统村镇聚落”又具有截然不同的定义，传统村镇聚落是人类开展原始居住、生活、农作和进行政治、文化活动的基本场所，它原指居民以农业为经济活动主要形式的聚落，包括所有的村庄和拥有少量工业及商业服务设施，但未达到建制镇标准的乡村居住地①。然而20世纪70年代末以来，由于中国村镇工业的蓬勃发展改变了聚落的传统特征，传统村镇聚落的发展呈现出多元化发展的趋向②。村民的非农化比例越来越高，乡村与农业之间的必然联系在逐渐削弱，在城市郊区还出现了城中村，传统村镇聚落则成为与乡村、城镇三元关系中相对而言的概念。建筑学研究领域探讨的传统村镇聚落更加侧重研究聚落形成的复杂化过程、聚落以及建筑同时性和历时性特点的整合③，是历史时期人类活动和自然环境相互作用的结果，因此研究和田河流域传统村镇聚落，需要进一步梳理聚落层级结构关系，例如人与建筑的关系、建筑格局及其相互间的关系、民居与公共建筑、设施的关系、聚落的空间分布及其相互间的关系等，就如道萨迪亚斯所说：“为要获得研究聚落聚居问题的正确途径，我们必须理解所有功能活动中存在着的人类信息。”④

---

① 郭晓东．黄土丘陵区乡村聚落发展及其空间结构研究——以胡声河流域为例[P]．兰州大学：2007：85.
② 李立．乡村聚落：形态、类型与演变——以江南地区为例[M]．南京：东南大学出版社，2007：42.
③ 李晓峰．乡土建筑——跨学科研究理论与方法[M]．北京：中国建筑工业出版社，2005：201.
④ 吴良镛．广义建筑学导论[J]．建筑师，1989（12）：29.

三、何谓聚落人居形态

（一）人居

聚落的诞生之初来源于早期的人类聚集，从建立自己的聚居领域开始，共同从事生产劳动，在漫长的历史更替过程中通过人居活动，自觉或不自觉地构成了多层次的居住空间，并经历了一个从低级到高级的发展过程，即：小自然村—村庄—镇—城市—大都市—大都市区—集群城市或城市群—城市带或城市连绵区，其中“村”被认为是最典型意义上的传统村镇聚落，也是人居最基本、最原始的形态之一。

古人云：“物以类聚，人以群分。”社会心理学认为“人居”是人类的本能之一，人类群集则导致了人类聚居的产生。人类聚居学的创始人道萨迪亚斯在其一系列的著作中，多次对人居的含义进行阐述，认为“人居”实际上指的是生活系统。它包括了各种聚落的存在形式，从简单的遮蔽物到巨大的城市，从村庄或城镇的建成区到人们获取木材的森林，从聚落本身到跨越陆地或水域的联系系统等。由于我们无法以一种较为简单的方式来识别生活系统，所以可视其为人居的系统，以形象地反映出人类的生活形态”①。在此论述基础之上，可将人居的内容概括为两部分：

1. 内容，即单个的人以及由人组成的社会；

2. 容器，即由自然的或人工的元素所组成的有形聚落及其周围环境。

此外，道萨迪亚斯还认为，人居是地球上可供人类生活直接使用的有形实体环境，包括了聚落周围的自然环境，还包括了人类及其活动，以及由人类及其活动所构成的社会。总之，人居实际上就是整个人类本身。由此可见，人居形态涵盖了以下五种基本元素（图1-5）：

1. 自然，指整体自然环境，是聚居产生并发挥其功能的基础。

2. 人类，指作为个体的聚居者。

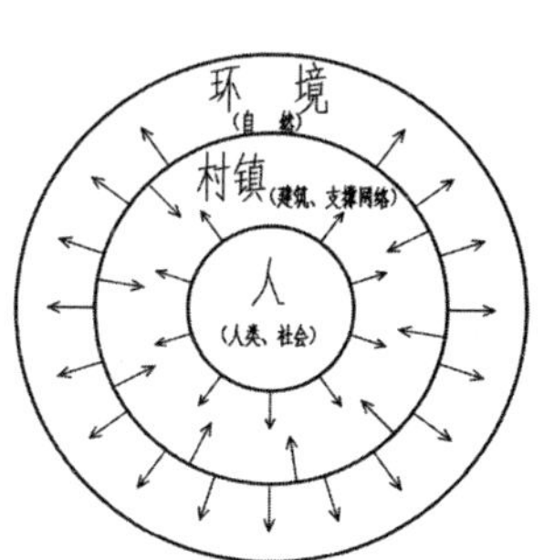

图1-5 人类聚居系统图
（图片来源：《巴渝古镇》赵万民著，南京：东南大学出版社）

① 吴良镛．人居环境科学导论[M]．北京：中国建筑工业出版社，2001：228.

3．建筑，指为人类及其功能和活动提供庇护的构筑物。

4．社会，指人类相互交往的体系，如宗族、血亲、血缘等。

5．支撑网络，指所有人工或自然的联系系统，其服务于聚落并将聚落联为整体。

（二）聚落形态

“形态”一词，在《辞海》中被定义为：“神态和形状，也指事物在一定条件下的表现形式。”形态的概念根植于西方古典哲学和由其衍生出的经验主义哲学，形态研究注重从局部到整体的分析过程，强调客观事物的演变过程，探索事物在历史时间意义上的序列关系。

聚落形态（Settlement Pattern）起源于1940年关于人文地理学的研究，我国聚落形态研究的学术源头，可以追溯至《考工记》的相关记载，著名的美国考古学家戈登・威利（G. R. Willy）曾经将聚落形态定义为：“人类将其在所居住的地面上处理起来的方式、房屋的布置方式以及与社团生活相关的建筑物的性质和处理方式[①]。”威利将聚落及人居形态视为人类活动与生态环境相互作用的结果，从了解先民的文化生态结构入手，逐渐认识聚落形态在古代社会结构及政治体制演变中的作用，从而成为考古学文化功能分析的战略性起点。美国考古学家欧文・劳斯（I. Rouse）将聚落形态扩展为社会、文化和生态三类系统，生态系统反映了人类对环境的适应及资源的利用，文化系统指各类的日常行为，社会系统指各类组织性群体、机构和制度[②]。

广义的聚落形态强调了“社会互动过程”的概念，聚落作为一种存在形式，时刻与地域环境进行能量互动，在历史演进的过程中不断发展与更新，其历史特征使其成为特定的文化载体，人类生存的印迹在不断的积淀中凝固成具有一定含义的聚居形式，传递着集群精神。凯文・林奇（Kevin Lynch）认为：“聚落是人们活动所作的空间组织，是人、物、信息流通所形成的空间路径，包括

---

① 王巍．聚落形态研究与文明探源［J］．郑州大学学报（哲学社会科学版），2003（3）：9-13.

② （美）欧文・劳斯．考古学中的聚落形态［J］．南方文物，2007（3）：94-98.

物体、圈地、表面、氛围、通道……对聚落的描述应该包括空间分配上的周期性及世俗性变化、空间的控制方案、人对聚落的认知，后两者是主宰聚落社会与心灵的核心内容。”①

聚落形态研究的目的是对人居空间做出合理解释，在历史环境的演进过程中探讨物质空间的成因，以及合理预测社会环境的未来发展。作为社会系统作用于人居行为所表现出的物质与精神状态，聚落形态研究是深入开展少数民族地区传统聚落研究的有力途径，也是建筑学领域有别于考古学、地理学的关键所在，其研究主要可以从以下两个方面展开：

1．聚落形态的整体结构研究

结构是转换规律组成的体系，具有整体性、自身调节性等特点，结构强调事物之间的联系，提供认知事物本身的方法。传统村镇聚落形态的结构，可以理解为村镇聚落内在的相对稳定存在的整体关系，在聚落形成的过程中，不断进行着物质、能量、人员、信息的交换，这种交换将聚落形态凝结成具有一定功能和结构的整体。

2．聚落形态的空间层次研究

聚落形态的空间层次一般是按照地理空间尺度划分的，例如从个人到房屋、邻里，再到街道、片区等，传统村镇聚落的形成是一个连续的空间过程，每一个空间对应于人、自然、社会、居所等，并最终构成聚落空间的整体模型，因此研究聚落形态，应该运用连续思维的方式，从多层次的空间系统分析演变过程，从发展的角度看到聚落形态的空间连续性，在时空范围探讨演化机制。

（三）民族性

和田河流域传统村镇聚落的人居形态从根本上来说，是一个由多种复杂关系组合起来的系统，具有乡村型聚居的普遍性特征，是由人—村镇—环境构成的整体系统，这一开放、动态的系统其本质是聚落在其形成发展的过程中逐渐建立起来的一种少数民族人类生存空间物质文化现象。历史上的和田河流域地

① （美）凯文·林奇．城市形态[M]．北京：华夏出版社，2001：33．

区是兵戈铁马的必争之地，在漫长的演进过程中，上演着一部部王朝更替的西域皇皇巨著，以其特有的少数民族风物人情，形成了如今多民族大杂居小聚居的西域绿洲聚落格局。然而民族聚落人居形态的形成，与民族群体中的人伦血缘有着密切的关系，由血缘空间而衍生出的族群聚居关系，成为构建场所认同感和归属感的精神载体，民族性则成为有别于中原聚落最直接的表现，也是维系民族社会结构的人居纽带，深刻地影响着民族聚落的形态特征。

“族群”是指人类历史以来区分我族及“他者”的分类方式之一，在民族学中指语言上相近、地理上靠近、文化同源、血统同源的一些民族的集合体。从历史、人文、发展的角度来考述聚落人居形态可以发现，宗教与民族是聚落人居形态中最重要的文化存在形式，其特征以“超自然概念”为核心，以特定的民族群体为载体，作为地域文化的一部分，维系、促进并制约着聚落的发展，并展现出以下特点：

1. 具有原生形态下的“相聚”与“排他”特点，宗教的信仰差异将民族关系做出了天然的划分，宗教的同质性使不同民族的个体和群体聚集起来，宗教的异质性将各民族区分开来。

2. 具有“族别空间”和“血缘空间”的领域特点，和田河流域传统村镇聚落多见以直系亲属血脉为纽带建构的居住群，例如和田地区发源的古阿以旺民居，常见犬牙交错状的庭院式阿以旺、密集庭院式阿以旺等。

3. 制约聚落形态呈“向心型”发展，呈现以精神空间为“核”的向心型格局，以民居建筑为细胞，以道路体系为方向，以宅群组团为领域，以宗教建筑为核心。

由此可见，从发展的角度来看，宗教制度、宗教伦理等民族性与聚落人居形态的发展有着千丝万缕的联系，宗教信仰影响着民族关系能动性载体的形成，参与了民族文化的构建、分化与整合，少数民族地区的人类聚居格局不仅是由宗族血脉为纽带而派生出的物理意义上的居住空间，对宗教、民族的认同，成就了寄托少数民族生活方式及心理状态的精神空间，在少数民族人居历史发展的进程中，影响并制约着最基本的聚落人居形态格局。

第二节　国内外学术史梳理及研究动态

一、民居建筑的研究

我国针对传统建筑的关注首先集中于民居研究领域，并始于1940年刘敦祯先生对西南古建筑的调查，论文《西南古建筑调查概况》首次将民居建筑作为一种独立的建筑类型提出，其后刘敦祯先生在《中国住宅概说》中更是将民居作为一种并列于坛庙、宫殿、陵墓、宗教建筑的类型来研究，成为后来最具影响力的民居研究著作之一。20世纪70年代，针对新疆民居建筑的相关专著陆续问世，但多集中于建筑装饰的领域，如左力光的《新疆民间美术丛书——民间建筑》等。我国乡土建筑研究的全面发展是在80年代，这一时期涌现出大量从建筑的艺术性、功能性角度出发的研究成果，如《浙江民居》、《广东民居》、《福建民居》等，此时随着多学科研究视角受到重视，主流研究逐渐从单纯的建筑学范围拓展到了乡土社会的生活领域，文化理论也被引入民居的研究，如《明清徽州祠堂建筑》、《湘西城镇与风土建筑》等。随着乡土研究的进一步升温，诸如《诸葛村乡土建筑》、《婺源乡土建筑》、《关麓村乡土建筑》等读物相继问世，其中涵盖了大量田野考察实录以及测绘信息，既忠实记录了我国民居建筑现状，又奠定了民居建筑文化保护与传承的基础。

进入20世纪90年代，一大批既具有学术性又通俗易懂的民居建筑读物出现，如《楠溪江中游乡土建筑》、《中国民居五书》等，这些著述记录和测绘的信息量极大，起到培育热爱传统建筑新生代的作用。在此时期我国东南区域民居研究的体系发展的相对更为完整，如余英的《中国东南系建筑区系类型研究》及后续湘赣系、广府系、越海系、闽海系及客家系的研究，将东南系建筑按不同特质分为五大区系以及各自不同的亚区、次亚区，并对不同模式建筑进行每一区系的深入研究，开拓了民居建筑的研究视野。

图1-6　喀什噶尔老城区民居单元及组合体改造透视图（图片来源：《喀什老城区抗震改造和风貌保护研究》（规划文本），王小东）

图1-7　喀什噶尔古城历史核心区风貌保护工程——巴格其阔恰巷A段手绘改造图（图片来源：李群）

21世纪初期，我国民居建筑的研究得到进一步发展，2004年孙大章先生所著的《中国民居研究》，从地区民居分类、建筑结构及空间、建筑美学等方面进行探讨，详细整理了我国1～5批重点文物保护单位中古民居及古村镇名录，以超越汉民族而站在多民族文化的视角高度论述地域建筑文化的多样性。新疆建筑设计研究院的王小东院士、张胜仪教授是最早一批研究维吾尔族传统民居建筑的本土专家，并完成了大量优秀作品，如高台民居规划改造、喀什老城区风貌保护（图1-6）、吐鲁番麻扎村古民居规划改造等工程①，《新疆民族建筑艺术》、《中国古建筑文化之旅：新疆》、《中国新疆的建筑遗址》、《新疆民居》等著作先后对新疆民居建筑的分布规律、建造技术及建造艺术进行了详细的描述。新疆师范大学的李群教授，自2006年便开始新疆生土民居文化的研究，2012～2014年期间成功实施了喀什噶尔古城历史核心区风貌保护工程（图1-7）、吐鲁番老街风貌保护等工程，其撰写的《新疆生土民居》，从少数民族心理状态、意识形态等方面，为新型生土民居建筑提出改造与开发策略，并展示了大量勘测成果与改造设计方案。

近年来，伴随着“一带一路”政策的提出，新疆民居建筑的研究进入了前所未有的发展阶段，大量视角新颖的建筑类著作问世，如《新疆建筑印象》、

① 王小东．新疆地域建筑的过去与现在[J]．城市建筑，2006，8：10-15.

《丝绸之路新疆段建筑研究》等，继承并发展了新疆民居建筑研究的内在品质，更以多维度的视野，提出对于建筑及居住文化的深入理解。

国外关于民居建筑的研究始于1933年签订的《雅典宪章》①中关于历史城镇中建筑保护与规划基础工作的记载②，而后相关研究也多集中于历史性保护领域，如1964年颁布的《威尼斯宪章》③、1990年颁布的《记录历史建筑指南》等均规定了各个国家需针对传统建筑物、构筑物、古村镇等开展发掘、修复与保护工作④。1933年美国建筑师协会联合国会图书馆实施了“美国历史建筑测绘计划（简称HABS）”⑤，从此开展了美国历史建筑、古聚落的勘测与保护工作，至今HABS/HAER数字图书馆已经建立了超过35万个数字档案，100多个类型的主题项目，编制了大量记录、测绘与评估的标准指南，如《HABS测绘图记录历史建筑和遗址指南》⑥、《HAER记录历史构筑物与场地》⑦等。

20世纪40年代由于新型建筑与地方环境之间关系的断裂引起了大量研究者对传统地域性建筑的关注，促使了民居建筑研究走上复兴之路。在20世纪60年代初期，以蕾切尔·卡逊的《寂静的春天》为标志，世界建筑界开始重新审视建筑与地域环境、文化之间的关系，并意识到现代主义建筑理论已不能适应差异化地域环境的复杂性与多样性。1964年，在纽约大都会艺术博物馆举办了题为“没有建筑师的建筑”的展览，展览主持者鲁道夫斯基出版了同名著作，该书促使人们对历史性居住建筑进行重新认识和定位，在建筑界引起了很大的反

---

①《雅典宪章》即：国际建筑协会（C. I. A. M.）于1933年8月在雅典会议上制定的一份关于城市规划的纲领性文件——“城市规划大纲”。主张“城市与乡村彼此融为一体，构成人类聚居的单位要素”。

② 吕舟.《威尼斯宪章》的精神与《中国文物古迹保护准则》[J]. 建筑史论文集（第15辑），2002，1：200-206.

③《威尼斯宪章》是保护文物建筑及历史地段的国际原则，全称《保护文物建筑及历史地段的国际宪章》，在1964年5月31日正式通过会议决议，宪章肯定了历史文物建筑的重要价值和作用，明确了历史文物建筑的概念，并将其视为人类的共同遗产和历史见证。

④ 张松. 城市文化遗产保护国际宪章与国内法规选编[M]. 同济大学出版社. 2007：89.

⑤ Trent Nishols. Protecting the Neighborhood: Historic Preservation and Community Development[J]. Forum Journal，2011，1：41-48]-[16. Thomas C. Hubka. Nomenclature and the Classification of Amercan (Vernacular) Housing[J]. the Vernacular Architectural Forum[J]. 2007，3：1-8.

⑥ 吴葱，邓宇宁. 美国文化遗产测绘记录建档概况[J]. 新建筑，2007，5：103-107.

⑦ National Park Service. HABS/HAER Photographs: Speci- fications and Guidelines[M]. Habshaer guidelines，2006：43

响[①]。随后国外不少学者选择针对欧洲文明以外的体系作为研究课题，例如日本学者原广司通过对世界范围的聚落调查，写出《集落的启示100》，美国环境行为学创始人阿莫斯·拉普卜特以人类学、人文地理学为研究基础，调查非洲、亚洲和澳洲土著居民的居住形态，分析了世界各地民居形态的特征与成因。目前国外民居建筑的研究主要围绕世界范围内新兴城市建设过程中的人居问题，以新的观念引发学者对全球各个区域民居建筑的重新认识与评价。

二、传统聚落的研究

我国关于传统聚落的研究起源于古老的“相地术”，并且吸收了古代哲学、民俗学以及科学发展成就，最终形成了古代风水学理论体系。我国现代关于传统聚落研究的第一个高潮发生于20世纪30至40年代，主要围绕农村空间展开，如陈述彭等关于地理环境、社会经济、民族特征对村庄分布影响的研究等，并且以梁漱溟等为主导的乡村建设运动为代表，对传统聚落研究的发展影响很大。新中国成立至20世纪70年代末，主要围绕中国乡村农业集体化展开，如叶舜赞、李振泉等对中国乡村居住环境发展的实际问题展开了卓有成效的研究。至80年代，乡村工业与城市化进程加剧，学术界对城镇化系统的认识不断深入，如金其铭在《农村聚落地理》中关于“县域集镇体系”的研究[②]；张京祥提出的乡镇整合与重组、农业空间集约的研究等。90年代，全球化与可持续发展思潮涌现，研究在结构分布、历史演变、空间类型划分等方面得到了加强，如金其铭将我国村落按地域划分为11个聚落类型，并对农村聚落的建筑、位置、规模等进行了分析等。21世纪初期，学术界开展了一批古民居建筑、古聚落的挖掘性研究，如陆元鼎在《乡土建筑遗产的保护与研究》中，对新农村建设过程中的古建筑集群及文化遗产提出保护与规划策略，并提出了“人类聚落学”

---

① 李晓峰．乡土建筑——跨学科研究理论与方法，[M]．北京：中国建筑工业出版社，2015：105.

② 金其铭．农村聚落地理[M]．北京：科学出版社，1988：25-32.

的建筑类型设想，是传统聚落研究工作的又一次大胆突破①。

近年来，国内更倾向于自然因素与社会因素对传统聚落空间构成、组织布局及形态的影响方面进行研究和解析，以及具有地域针对性的聚落演变、转型与发展研究，如郭晓东等分析陇中黄土丘陵区聚落的空间分布特征及因素，提出空间优化途径②；李立研究了江南地区的乡村形态、类型与演变，以及经济发展与传统聚落演变的关联等。

国外传统聚落的研究经历了四个主要阶段。18世纪末至19世纪中期，主要集中于聚落与地理研究，特别是自然地理领域，如拉采尔（Eratzel）分析了传统聚落分布对自然环境的依赖性；“或然论”的代表人物白兰士（Blache）论述了聚落、建筑、材料等与环境的关系等。20世纪初至40年代，研究集中于传统聚落的形成、发展与规划等方面，如著名地理学家克里斯泰勒（W. Christaller）创立了“中心地理论”，对传统聚落理论的发展做出了杰出贡献。20世纪50年代侧重于传统聚落的分类研究，如国际地理联合会依据聚落功能、位置、起源等标准提出了66个亚标准等。60至80年代，传统聚落的研究方法产生了重大变革，如道萨迪斯（Doxiadis）提出“人类聚居学”的概念，探讨传统聚落的客观规律并指引城乡建设，得到了建筑学领域的高度重视③。90年代至本世纪初，在众多哲学思潮及学科的影响下，聚落景观生态的研究大量涌现，并在中心地理论、扩散论的影响下成为研究焦点。

近年来国外传统聚落的研究多集中于聚落生态、空间体系变量、聚落景观系统等方面，多搭载3S、4D等先进技术集成，如麦肯齐（McKenzie）等运用GIS技术分析村域环境的发展对传统聚落环境下植被生态系统的影响④；Sevenant针对不同地貌类型区域的土地利用方式和聚落形态，分析传统聚落

---

① 陆元鼎. 乡土建筑遗产的保护与研究[M]. 上海：同济大学出版社，2008：33-35.

② 郭晓东，马利邦，张启媛. 陇中黄土丘陵乡村聚落空间分布特征及其基本类型分析——以甘肃省秦安县为例[J]. 地理科学，2013，33（1）：45-51.

③ Dxiadis C A. Ekistics：An introduction to the science of human settlements[J]. Athens Publishing Center，1975，59（3）：569-570.

④ McKenzie P，Cooper A，McCann T，et al. The ecological impact of rural building on habitats in an agricultural landscape[J]. Landscape and Urban Planning，2011，101（3）：262-268.

图1-8　阿巴和加麻扎主墓室
（图片来源：网络）

图1-9　阿巴和加麻扎教经堂
（图片来源：网络）

景观的差异等。

目前具有新疆本土针对性的相关研究，多集中于传统聚落的保护性考察与考古勘查方面，如清华大学郭黛姮教授先后出版了《库车老城区》①、《库车历史名城的保护与发展》②等系列城市与建筑调查研究丛书，按照历史街区和大遗址保护的方式开展库车老城区的研究工作。岳邦瑞在《绿洲建筑论—地域资源约束下的新疆绿洲聚落营造模式》中以地域资源的视角对传统建筑、传统聚落进行了探索，提出了"优适建筑"理论，为绿洲传统聚落的发展明确了方向。李群教授先后出版的《新疆喀什噶尔古城历史文化研究风貌篇》、《新疆喀什噶尔古城历史文化研究资料篇》，结合喀什市老城区危旧房改造项目，对濒危绿洲地区传统建筑提出优化改造策略，为进一步传承和发展新疆少数民族民间文化提供了有力的资料支撑。2012年自治区文物古迹保护中心主持的"坎儿井"项目已入选世界文化遗产预备名单③，阿巴和加麻扎④（图1-8、图1-9）建筑保护项目

① 郭黛姮，贺艳. 库车老城区[M]. 百家出版社，2010. 8：65.
② 郭黛姮，贺艳. 库车历史名城的保护与发展[M]. 中西书局，2013：54.
③ 阿达莱提·塔伊尔. 新疆坎儿井研究综述[J]. 西域研究，2007，1：111-115.
④ 麻札，意为陵墓。阿巴和加麻札为清代喀什地区伊斯兰教白山派首领阿巴和加及其家族的墓地，又名"香妃墓"，"阿巴克霍加麻札"。

被列为国际丝绸之路新疆段重点文物保护工程①，这说明新疆的少数民族传统建筑、传统聚落的研究已经进入了国际视野。

第三节　目前新疆传统村镇聚落研究存在的问题

新疆作为我国少数民族绿洲聚居文化多样性的典型地区，在其广博的疆域内，星罗棋布地分布着形态各异、千姿百态的传统村镇聚落，其中诸多聚落以及聚落内部的建筑蕴含着巨大的文化财富，堪称是传统建筑文化的缩影。作为地区乡土社会的基本单元，与现代居住方式相比，是传统人居模式下人类集聚的物质形态与空间图像，涵盖了绿洲社会的整体，它通过特殊的地理位置、特定的民族与文化群体以及独特的历史时期与传统紧密相关，以实体的物质形态承载文化历程。他们的存在多出自生活于其间的聚居者之手，是真正的“没有建筑师的聚落与建筑”，在经历历史的洗礼之后，沉淀了政治、人文、历史、环境、生态、地理、民族等多文化内涵。然而，目前无论从研究方法、研究成果等方面，仍旧存在一定局限及问题，具体表现在以下几点：

首先，就研究成果的数量及规模方面来看，国内外乡土聚落研究的发展正经历巨变，学术界不断采用新的方法和技术，将定性研究与定量研究相结合，并正着手采用多学科技术开拓研究领域，分型学、拓扑学、空间句法等方法也被引入到乡土聚落的研究之中。然而纵观国内外针对新疆境内以及绿洲环境下的传统型聚落研究著述却极为罕见，绝大多数是以论文形式散落在各类期刊中，多数成果仍未能构成系统性的研究体系，并缺乏多学科的综合性分析，从而导致现阶段理论研究乏力。

其次，从研究方法来看，实例考察多于理论研究，多数研究成果述而不论，在实例研究上也大多停留在静态的纯建筑学领域的功能、材料、装饰的分析，缺乏多学科系统复合的动态研究，部分成果的理论研究又与实证考察脱

① 徐苏斌．近代中国文化遗产保护史纲（1906—1936）[J]．中国紫禁城学会论文集（第七辑），2012，9：429-445.

节。在技术手段方面，由于针对新疆民族地区特殊背景的实践型研究规模仍较为局限，在缺乏系统的理论指导的前提下，传统技术手段很难满足西部大发展战略的时代需要。因此，新疆部分乡村正在面临着因工业化和城乡快速发展所导致的发展凋敝、聚落空废化、文化价值缺失、聚落景观格局转变等问题，并亟待解决。

最后，目前学术界出现了将“乡土设计”理解为“用新技术表现旧形式”的论调，个别新观点、新手段的提出也有悖于建筑学理论的研究基础，有的甚至误将传统聚落及建筑形式片面地当成地区文化的符号或标签，尤为体现在与商业、旅游相关的研究领域，这势必会对传统的聚居文化的创新产生负面影响，导致该现象的出现则在于缺乏对传统的深入认识，以为追求所谓的“填补空白”与“领域创新”，从而使得传统的根基流于空泛。

第二章

和田河流域传统村镇聚落形态综识

第一节　聚落形态概貌

一、随水而居的生态环境特征

新疆是我国面积最大的省区，总面积约166万平方公里，约占国土面积的六分之一。这里曾经历了沧海变桑田的巨大变化，距今约3000万年前，由于喜马拉雅山早期造山运动的影响，使得海水退却，随后伴随距今约500万年间昆仑山、天山的剧烈隆起，南北两大封闭盆地开始形成由北至南的阿勒泰山、天山和昆仑山。天山将新疆分为南北两大自然地理区域，北部亦称“北疆”为温带型，南部亦称“南疆”为暖温带型。

历史记载《汉书·西域传》称西域“南北有大山，中央有河，……其河有二源，一出葱岭山，一出于阗，于阗在南山下，其河北流，与葱岭河合，东注蒲昌海……”，此河便是贯穿天山南北的重要河流——塔里木河[①]，而和田河（图2-1）则是塔里木河的三大源流之一。和田河旧称和阗河，位于昆仑山与喀喇昆仑山北麓、塔里木盆地东南部边缘的封闭的大陆腹地，自南向北在出山后滋润了和田至墨玉至洛浦绿洲，横穿塔克拉玛干沙漠，在肖夹克附近与阿克苏河、叶尔羌河相汇而成塔里木河，是昆仑山北坡的第二大河流，也是塔里木河现存的四大源流之一，更是唯一贯穿塔克拉玛干大沙漠的内陆河，全长806公里。和田河由两条源流组成，分别为玉龙喀什河以及喀拉喀什河两源，喀拉喀什河发源于喀喇昆仑山北，玉龙喀什河发源于昆仑山北坡，两源都由高山降水和高山冰雪融水补给，最终在阔什拉什附近汇合。自汇合口至肖夹克为下游，从阔什拉什到山口为中游，山口以上是上游区，全长1127千米，多年平均径流量43.8立方米×108立方米。中游地区处于塔里木盆地南部，南接昆仑山，北入塔克拉

---

① 塔里木河由发源于天山山脉的阿克苏河、发源于喀喇昆仑山的叶尔羌河以及和田河汇流而成。流域面积19.8万平方千米，是中国第一大内流河，全长2137千米，为世界第5大内流河。

图2-1 新疆和田河鸟瞰图
（图片来源：网络）

图2-2 新疆和田河下游主流
（图片来源：网络）

图2-3　古丝绸之路商旅驼队
（图片来源：《丝绸之路·新疆古代文化》，祁小山、王博编著，乌鲁木齐：新疆人民出版社）

玛干沙漠，属和田河至克里雅河冲积平原，下游为典型的平原游荡型河流，河床宽浅，最宽可达10千米，河流曲折蜿蜒（图2-2）。流域境内终年处于极端干旱的状态，包括南部冲积平原区和北部沿河沙漠区，北部沿河沙漠区大部分是茫茫沙海，南部冲积平原区是本区主要的经济、农业区，流域境内构成了我国最大的典型大陆性特征干旱区。

和田河作为沟通塔里木盆地南北交通的绿色走廊，不仅是孕育阿克苏、和田等南疆绿洲聚落的重要水源，千百年来，商家行旅，或车马、或骆驼，由阿瓦提到和田，再辗转疏勒，和田河河成为连接南疆各绿洲的纽带，其军事、经济地位极为重要（图2-3）。在水资源环境渗透影响下，和田河流域显现出了多种复杂的生态系统，例如人工绿洲生态系统、荒漠生态系统、自然绿洲生态系统、山地生态系统，以及自然水域湿地生态系统等[①]，其中包括南疆南部与西部高山地区的山地生态系统，占南疆总面积的38.2%[②]；包括园地、耕地、人工林

① 宋郁东，樊自立，雷志栋等．中国塔里木河水资源与生态问题研究[M]．乌鲁木齐：新疆人民出版社，2000：40-41．

② 韩德林，王哲，唐明达等．新疆地理手册[M]．乌鲁木齐：新疆人民出版社．1993：11-12．

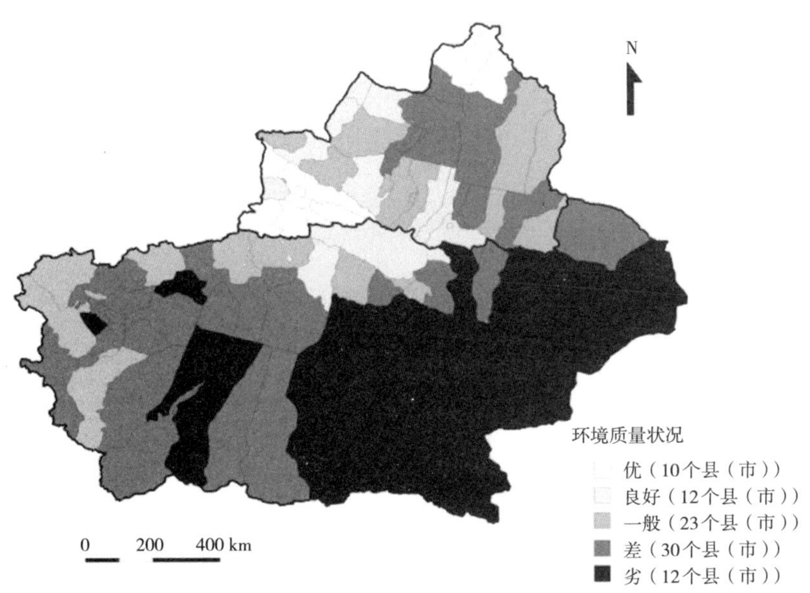

图2-4 新疆生态环境质量空间分布示意图
（图片来源：《新疆南疆地区生态环境特点及其对城市化的约束》，张小雷）

地、人工草地，以及居民点工矿地在内的人工绿洲面积占总面积的2.9%；灌木林、河谷林和草甸等自然绿洲面积占总面积的3.9%；湖泊与河流等自然水域面积不到总面积的0.5%[①]，其余的部分都属于荒漠生态系统。

受地形地势影响，和田河流域的水资源虽然相对丰富但时空分布很不均匀，而河流径流量的60%～70%集中在夏季，春季只占10%左右[②]。受南疆地区多年平均降水量及蒸发量的影响，使得和田河流经的平原区不但无法产生径流，而且除降水在100毫米以上的个别区域有生长荒漠植被外，绝大部分区域均是沙漠和戈壁，被称为亚欧大陆的旱极。水资源的匮乏还导致了绿洲的区域生态环境质量较差，地域植被区系简单，种类很少，分散稀疏，森林覆盖面积极小，绿洲土地极易遭沙漠化侵蚀。目前除南部冲积平原区是径流区主要的经济、农业区外，北部沿河沙漠区大部分是茫茫沙海（图2-4）。

由此可见，和田河流域所流经的绿洲地区在看似广阔的土地里真正为人

① 钱云，郝毓灵，金海龙等．新疆绿洲[M]．乌鲁木齐：新疆人民出版社，2000：75．

② 李成范，苏迎春，周廷刚等．城市土地利用变化及生态环境效应研究——以重庆市北碚区为例[J]．西南大学学报：自然科学版，2008，30（12）：145-151．

居住的面积却是极少的，并且受水资源环境限制，呈现出了唯水性、生态脆弱性、地域地缘性等特点，具有典型的内陆河流域多元复合的生态结构特征。不仅如此，水作为绿洲乡土聚落生存和发展的基本物质条件，对该地区而言是人居环境发展最关键的限制因子，它从聚落的空间分布、生产方式和聚居规模等几个方面影响聚落的发展，决定了传统村镇聚居空间的分布，同时这些互不相连的绿洲聚落空间和脆弱的生态环境，又直接影响着城镇化发展的地域形态。

二、多元复合的民族格局特征

史前时期是新疆多民族聚居，以及多元民族、宗教文化生态格局形成的初期阶段，这一时期虽没有现代意义上的民族概念，但早自新石器时代起，和田河流域一带便有多人种共同生活的痕迹，呈现出极为开放的姿态，并在多民族更迭的历史演进过程中，逐渐形成了“大杂居、小聚居”的典型聚落格局雏形，不仅对该区域人类聚居模式的发展产生了深远影响，同时推动了新疆少数民族人居文化融合的历史进程。

自先秦以来，在绿洲水源水的滋养下，该地区所属的新疆南疆地区便繁衍了众多古代民族及聚落聚居地，据历史资料记载，先后在此区域活动、居住过的部落及民族有塞人、月氏人、羌人、匈奴人、汉人、鲜卑人、柔然人、铁勒人、嚈哒人、吐谷浑人、突厥人、吐蕃人、回鹘人、女真人、契丹人、蒙古人、欧罗巴人等17个之多，并据考古遗址中出土的面具、壁挂等随葬品表现出的原始欧洲人种、中亚两河类型和东部地中海人种的面部特征显示（图2-5），其中蒙古人种、欧罗巴人早在和田河上游的古代时期便存在，并表明了青藏高原南北的文化交流已明显诞生[①]。进入清代，满、达斡尔、锡伯、回、哈萨克、乌孜别克、俄罗斯、塔塔尔等民族相继迁入，直至形成了今日以维吾尔族为主

① 李群. 新疆生土民居[M]. 北京：中国建筑工业出版社，2014：26.

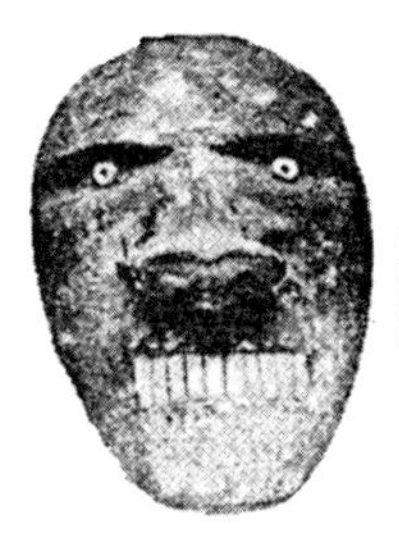

图2-5 新疆古墓随葬品中的人像造型
（图片来源：《丝绸之路上外国探险家的足迹》，李屹主编，北京：五洲传播出版社）

的多民族聚居格局。截至2011年底，南疆地区共有维吾尔族、汉族、回族、哈萨克族、壮族、满族、土家族、乌孜别克族、锡伯族、蒙古族、东乡族、藏族、土族13个民族，少数民族占总人口的82%。此外，历史上龟兹焉耆语、楼兰语、塞克语，以及以佉卢文[①]为代表的“印度俗语”等语言和语系先后在此区域交织分布，公元8世纪后古突厥语（古维吾尔语）形成，直至今日维吾尔语仍为南疆地区最主要的少数民族语言[②]。

南疆地区自古以来就是一个多种宗教流布的区域，多宗教并存也是新疆宗教分布的基本格局。在新疆历史上，除了远古时期的原始宗教外，纪元以来的2000多年历史中亦有多种宗教分布。公元前1世纪，佛教传入新疆后，在各地统治者的推动之下，不久便成为南疆地区的主要宗教，公元前2世纪，逐渐形成了富有丝绸之路南道特色的“于阗佛教文化”[③]（图2-6），此后，道教、摩尼教、景教相继传入新疆，后形成了以佛教为主的多种宗教并存的格局。公元9世纪末10世纪初，伊斯兰教传入喀什地区，1006年随着于阗王国覆灭，伊斯兰教开始传入和田地区一带，逐渐成为维吾尔族、哈萨克族、柯尔克孜族等民族普遍信仰的宗教。伊斯兰教在南疆地区的传播具有糅合祆教的拜火习俗以及萨满教习俗的特点，如祖先崇拜、陵墓崇拜、“万物有灵”的信仰观念等，直至今日仍盛

① 佉卢文是起源于古代犍陀罗，后来流行于中亚广大地区的一种文字，是丝绸之路上重要的通商语文和佛教语文。在东汉末年，伴随着贵霜王朝的日趋瓦解，贵霜难民迁入塔里木盆地，佉卢文开始在于阗等地传播。

② 苗普生．论历史上的新疆民族关系［J］．西域研究，2008，4：1-10．

③ 于阗自2世纪末佛教传入后，逐渐成为大乘佛教的中心，魏晋至隋唐，于阗国一直是中原佛教的源泉之一。

图2-6　和田达玛沟佛教遗址出土的千佛和骑者像壁画
（图片来源：网络）

行于麻扎朝拜活动中，对新疆各民族的经济、文化，以及聚居格局均有着十分广泛的影响。

三、半农半耕的经济结构特征

20世纪50年代，苏联民族学家托尔斯托夫、列文等人提出了“经济文化类型”的科学概念，即“居住在相似的社会经济发展水平及自然地理条件之下的各族人民，在历史上形成的经济和文化特点综合体”[①]。20世纪80年代，林耀华针对我国少数民族地区生存环境及人居格局特点，提出了经济文化类型的“地理环境—经济发展方向—传统文化特征”概念框架，并在其《民族学通论》一

① 施正一. 民族经济学教程[M]. 北京：中央民族大学出版社，2001：69.

书中对南疆经济文化类型进行了系统分析[①]。

塔里木盆地是新疆干旱生态自然综合体的腹地，在沙漠广布的自然生态条件下，传统聚落通常环绕盆地展布，沿天山山脉的山前盘踞，呈珠串状毗邻，并在以和田河中下游冲积平原延伸成带状[②]，在生产力不发达的历史阶段，绿洲生态资源成为制约人地关系以及绿洲社会经济文化发展的决定性因素。从和田河流域游牧聚落的考古发掘情况来看，至少从新石器时代起，这地区一带就属于游牧经济与农耕经济的并存区[③]，氏族的帐房群即是流动的村落雏形，作为绿洲农耕文明的代表，然而这一现象的出现绝非偶然。历史上回鹘、铁勒、丁零、高车等北方游牧民族先后迁徙至此，如丁零原为生活在蒙古高原上的游牧狩猎民族，高车原为“其迁徙随水槽，衣皮食肉”的游牧民族。但由于南疆地区受极干旱气候影响，区域植被无法满足大规模的游牧经济需要，致使部分游牧氏族聚落逐渐沿河流中上游转迁移，氏族社会组织供居民共同建造居住原始的木构架房屋，聚落建筑形式也从毡帐逐渐发展成为窝棚（图2-7），这也成为和田地区阿以旺式住宅密梁平顶的雏形，在如今的游牧区，仍然可见这种半干栏式和悬挂窝棚的样式。由于定居后的农业表现出了相对的封闭性，有充分的时间对生活环境及内部居所进行修缮治理，以此逐渐形成了早期的绿洲农业聚落格局，而木框架、编笆墙和累覆等民居营建方式，也表现出了定居农业的聚居特征。

图2-7　搭建窝棚
（图片来源：网络）

公元4世纪，分布于喀什一带的铁勒部落出已出现了“多牛羊而少马”的农耕局面，9世纪西迁回鹘的分支进入于阗国，在唐代汉文化的影响下发展半农半牧的农耕灌溉工程，直到13世纪，“平地颇多，以桑为务”已成为了当地回鹘人

① 林耀华．民族学通论[M]．北京：中央民族学院出版社，2003：235、422．
② 张小雷，雷军．水土资源约束下的新疆城镇体系结构演进[J]．科学通报，2006，1：32．
③ 尹伟强，王茜．古代新疆经济文化区的划分——兼论维吾尔族经济文化类型的演变，黑龙江民族丛刊[J]．2007，4：112-115．

的主要生活生产方式[①]。据《西域图志》[②]记载，18世纪清军进入南疆时，民族传统聚落格局已发展为“山南诸回部，有城郭宫室，故居处有恒”的经济文明局面[③]。

古代游牧民族在继承原有经济文化模式的基础上逐渐形成半农半耕、以农为主的经济基础转变，进而影响了少数民族传统社会意识形态的变迁，促使了该地区民族传统聚落的发展，是历史进程的产物。然而近年来，随着绿洲经济文化的不断发展，该地区的绿洲分散结构却成为制约传统村镇聚落发展及人居环境建设的主要因素。以和田地区为例，和田总面积24.78万平方公里，绿洲仅占3.7%，且被沙漠和戈壁分割成大小不等的300多块，其中墨玉、和田、洛浦三县聚集在一个大的绿洲之上；于田、策勒分别由一大一小两块绿洲组成；民丰县包括了四个绿洲，且均互不连接；皮山全县分布在50多个小绿洲之上，或自然村、或小生产点，有的绿洲面积甚至小到仅百十亩、数十亩地，如此分散的地域格局导致了城镇功能辐射不周，经济生产规模参差悬殊的困境[④]。因此，随着市场经济的不断发展，如何突破和田河流域村镇聚落的绿洲一元经济格局，促进城乡一体化、集约化，成为该区域传统村镇聚落发展的总体思路。

第二节　绿洲人类聚居格局生成的影响因素

一、自然环境因素

“聚落是地区的产物，它总是扎根于具体的环境之中，受所在地区的地理气候条件的影响，受具体自然条件以及地形、地貌和城市已有建筑地段环境所制

---

① 余太山．西域通史[M]．郑州：中州古籍出版社，2000：279.

② 《西域图志》是清代官修地方志之一，乾隆二十年（1755年），清廷平定准噶尔，天山南北尽入版图，因此是研究中国汉代至清代前期新疆地区的一部很重要的历史地理文献。

③ 钟兴麒，王豪，韩慧校注．西域图志校注（第四十卷）[M]．新疆：新疆人民出版社，2002：515.

④ 刘甲金．新疆绿洲经济特点分析[J]．科学，经济，社会，1986（5）：43.

约[①]。”从系统论的角度来看，聚落的形成过程，其实就是一个由于信号的输入（气候、地形、材料、技术、生活生产方式、信仰等）而产生信息输出（平面形制、建筑结构、造型装饰）的过程，输入的信号决定了产出的结果。用人文地理学的观点来解释，在某一特定地域，其聚落的诞生与演变是“人地关系”相互协调处理的结果。“人”即在一定地域空间上活动着的人，“地”则代表了与人类活动密切相关的自然地理环境，以及在长久的社会生活中形成的生产生活方式、社会结构、宗教信仰等人文地理环境。而聚落的生成则是在这两类因素共同作用和平衡下的结果。

“聚落形态的多样性不能以自然条件决定论来解释，然而自然条件作为塑造形式的重要因素，对满足人们需要的住居环境及宅形仍具有深远的影响，因为当技术水平有限、缺乏控制自然的有效途径时，人们往往只能顺应自然”[②]。

（一）气候

从原始聚落开始，人类就认识到居所首先是一种自然形态，是遮风雨、御寒暑的庇护所，是有一定使用空间的遮掩体。《墨子辞过》中说：“古之民未知为宫室时，就陵阜而居，穴而处，下润湿伤民，故圣王作为宫室。为宫室之法，曰：室高，足以辟润湿；边，足以困风寒；上，足以待霜雪雨露”[③]。这说明乡土聚落的生成要求与气候相关。

以喀什噶尔古聚落为例，历史上的喀什噶尔古城以环绕吐曼河以北的地块而形成，后因战事迁徙至吐曼河以南的今址，而后又继续向西推移，据考古资料可推断，其原因主要为温带荒漠气候条件导致的沙进人退、人进城移。此外喀什噶尔古城地处温带大陆性干旱气候带，光照时长、降水量小，常遇浮尘、沙暴天气，使得聚落内部的民居建筑密度极高（图2-8），并没有现代意义上规划的概念，多为居民随意搭建的原生土、半生土民居，均随地形鳞次栉比（图2-9），相邻住户的房屋犬牙交错，楼顶楼（图2-10、图2-11）、过街楼

① 谭伟峰. 试论建筑的文化特性[J]. 科技资讯，2011（2）：36.
② 阿莫斯·拉普卜特，常青等译. 宅形与文化［M］. 北京：中国建筑工业出版社，2007：82.
③ 转引自：龙庆忠.《中国建筑与中华民族》[M]. 广州：华南理工大学出版社，1990：191，华南理工大学博士学位论文。

（图2-12）。聚落内部的民居建筑也多呈外封内敞式，且普遍采用“全生土”和“半生土”结构替代大木作开展传统营建，夯筑土墙的厚度可达50～90厘米（图2-13），“外观之，方窗二三，围壁共涂泥”，配合极高的建筑密度，使得聚

图2-8 喀什噶尔古城阿霍街区鸟瞰
（图片来源：《喀什老城区抗震改造和风貌保护研究》—规划文本，王小东）

图2-9 喀什噶尔古城原生土、半生土民居
（图片来源：作者拍摄）

图2-10 喀什噶尔古城楼顶楼（1）
（图片来源：作者拍摄）

图2-11 喀什噶尔古城楼顶楼（2）
（图片来源：作者拍摄）

图2-12 喀什噶尔古城过街楼
（图片来源：作者拍摄）

落内部的大量巷道长期阴暗、幽深，以此应对夏季灼热的热辐射及暴雪与风沙的侵袭（图2-14）。

此外，我们也可以从和田河流域范围内的古城遗址中，考证古时期气候条件对西域古城遗址建筑形态的影响。

圆沙古城，又名尤木拉克库木古城，地处塔克拉玛干沙漠腹地，位于新疆西南部于田县大河沿乡。据考证圆沙古城呈现为一个不规则的四边形，古城墙周长约995米，城内有建筑遗迹，古建筑遗址的墙体大多不直且多有损毁，且为木骨泥墙结构（图2-15），内层夹胡杨木或红柳枝为骨架（图2-16），墙体厚，屋檐低、门矮。

图2-13　喀什噶尔古城夯筑土墙厚度
（图片来源：王丽丽）

图2-14　喀什噶尔古城的幽暗巷道
（图片来源：作者拍摄）

图2-15　圆沙古城内部建筑遗址泥墙
（图片来源：网络）

图2-16　圆沙古城内部建筑遗址木骨架
（图片来源：网络）

图2-17　高台民居
（图片来源：李群）

根据卫星照片显示，圆沙古城所在的区域曾是克里雅河一个古老三角洲，通过实地调研发现古代克里雅河在此分叉，将圆沙古城包围，形成天然的护城河，但由于老河道完全沙化，最终导致了圆沙古城的绝迹。

（二）地形地貌

地形地貌是原始聚落得以存在的自然背景和物质依托，先民对待地形的态度，是绿洲传统聚落得以形成的重要原因，这与新疆少数民族群体聚居的环境情况、民族文化对于环境的理解及对舒适程度的定位有关，同时也是聚落空间形态地域特征分异与演变的重要因素。在生产力及生产技术不发达的历史阶段，古绿洲先民往往没有办法去主动掌握自然地理条件，因此顺应山形水势、趋利避害、因势利导成为原始聚落诞生的前提。

地形地貌条件引导人们逐渐具备了明确自身与聚居场地关系的能力，形成了客观存在的人地关系，即人类与生存环境所建立的地缘关系，包含了在一定的社会生产力水平下，地形地貌对人类生活的影响，以及人类对环境的把握与认知，也因而造就了聚落生成的特点。以高台民居为例，高台民居[①]（图2-17）

① 高台民居是新疆喀什市老城东北端一处建于高40多米、长800多米黄土高崖上的维吾尔民族聚居区，距今已有600年历史，是喀什展示维吾尔古代民居建筑和民俗风情的一大景观，聚落内部的建筑密度极高，因地势崎岖、人口密集、纵横交错而闻名于世。

是坐落于喀什老城东北端的一处高40多米、长800多米黄土高崖上的维吾尔民族聚居区。聚落所处的高崖两千年前就已经存在，一千多年前就已经有维吾尔先民在此建房安家的痕迹。历史上，高崖的北坡与南坡连为一体，后来被洪水冲断，南北分隔。高台民居内部共有640多户民居建筑，均依崖而建，总占地面积5.7万平方米，随着家族人口逐渐增多，当地居民便采取在祖辈房上加盖的手法，这样一代一代、房连房、楼连楼、层层叠叠、随意建造，最终形成了四通八达、纵横交错的50多条巷道。

由此可见维吾尔族人民利用这种特殊的地形地貌条件，选择生土台地营造聚落体系，并在有限的场地内构建集群式的住屋群体，在营建过程中积累了大量顺应自然、趋吉避凶的生存经验，是人们体验并尊崇地域秩序最直接的表现。

（三）材料

在聚落营建过程中，材料的应用与技术的结合对聚落空间形态的构成有很大影响。在生产力条件低下的历史阶段，就地取材是营建的基本原则之一，利用适地适生的地域资源作为建材，不仅免除了远距离运输的烦恼，也减少了能源的消耗。从建筑形态学的视角来说，不同的地域材料和材料的运用方式，使得聚落呈现出有别于其他地缘条件下的聚居风格。例如云南多产竹子，竹子具有极快的生长速度且抗弯性极高，因此成为傣族干阑式建筑的主要用材；柳州武兰地区，田垌中富含大量卵石，人们便使用卵石并添加泥、沙和石灰作为房屋墙体的主要用料，施工时使用卵石在表面击打使其与墙体紧密结合，由此形成独具特色的墙体机理；我国西北的黄土地区，由于黄土颗粒凝聚力强，土质坚实、干燥，于是人们善于将房屋挖掘成地下嵌入山体的窑洞；围绕着塔里木盆地的高山山脚，是宽度几公里到数十公里的砾石带，在它和盆地内部的沙漠之间，分布着许多互不相连的黏土质冲积层，生土冲积母质丰厚，因而生土成为和田河流域传统民居建筑的原生材料。

图2-18　吉日尕勒文化遗址
（图片来源：首次入疆——塔什库尔干的文化接触“吉日尕勒文化遗址的汉—唐古驿站”，网易博客）

生土材料[①]的使用由来已久，距今10000年前的吉日尕勒文化遗址（图2-18）坐落于塔什库尔干河东岸，塔什库尔干县城以南约40公里，北纬37°31′处。考古发现在河谷的两侧谷坡上发育了五级堆积阶地，而古文化遗址就发现于三级阶地旧河床的前缘陡壁中，这一情况表明，早在旧石器时代，该地区的先民们就已经熟悉生土材料的特性并合理加以利用了。直至今日，由于生土的土质透气性好，较之其他建筑材料，其可塑性强，导热系数小，具有较强的降低建筑围护结构（墙和窗）热能渗透的作用，因此用生土和生土制品建成的民居冬暖夏凉、防寒、防晒，是和田河流域传统民居建筑躲避高温酷暑的首选建筑材料。

二、社会人文因素

人居思想是人类聚居行为在一定的社会规范基础上产生的历史积淀产物，

① 生土即未经破坏的原生土壤，结构紧密、颜色均匀、质地纯净，生土建筑即是主要采用生土材料为主体结构并开展营建的建筑形式。生土建筑发源于中国的中西部地区，是人类从原始进入文明的最具有代表性的特征之一。

植根于深厚的地域传统伦理文化之中，人居行为伴随着少数民族地区乡土聚落的演化与发展，涵盖了大量的聚居经验与聚居规律，作为一种社会意识形态，是人与人、人与社会、人与自然关系规则的基本概括。

（一）宗族血缘

以宗族血缘网络关系组建起来的聚居社会结构是我国传统农耕聚落社会的基本特点。正如费孝通[①]先生所说："地域上的靠近可以说是血缘上亲疏的反映"[②]，由血缘空间而衍生出的宗族聚居关系，成为构建场所认同感和归属感的精神载体，深刻地影响着民族聚落的形态特征。

和田河流域传统村镇聚落绝大多数属于典型的以宗族血缘为单位的农耕型聚落，其宗族组织有很强的凝聚力，聚落结构展现出明显的内聚性特点，且无须依靠外部力量而能相对独立地生存与发展。对应于宗族层级关系，聚落格局通常形成"村—落—院"的组织结构形态。聚落内部的每一层级都以宗教建筑为中心，民居建筑则依照血缘关系的远近分布于周围，致使聚落由于其宗族组织的权威地位和自给自足的经济特点，聚落秩序与结构十分稳定，并且通常体现出两个方面的特点。

① 族别空间。以喀什噶尔古城为例，喀什噶尔古城自古便是众多种族和部落繁衍生息的古丝路要地，目前，在古城内仍可寻迹到大量民族共融的足迹，其中以9世纪中叶西迁的游牧部族回鹘[③]人（维吾尔族）为主支，在古城内部分布极广。此外还包括自喀拉汗王朝时期以经商和传教为业的古乌孜别克人，多分布于吾斯塘博依街道的安江热斯特巷。再者是自察合台汗国[④]时期的蒙古人，后逐渐被当地伊斯兰民族同化，古城内的奥然喀依巷即为当时蒙古族人的主要

---

① 费孝通，著名社会学家、人类学家、民族学家、社会活动家，中国社会学和人类学的奠基人之一，主要著作有《乡土中国》、《江村经济》等。

② 廖杨．保安族宗法文化刍论，中央民族大学学报（人文社会科学版），2001（3）：68.

③ 回鹘（拼音：hú）又作回纥，汉文史料中"回纥"一词来自古回纥文，回纥是铁勒诸部的一支，在突厥汗国统治之下，至隋代时独立，后隶属于唐，分布于中亚、蒙古、甘肃、新疆之间，其全盛时期为8至9世纪。

④ 察合台汗国始建于1222年，是蒙古四大汗国之一，于14世纪中叶分裂为东察合台汗国与西察合台汗国，察合台汗国最盛时其疆域东至吐鲁番、罗卜泊，西及阿母河，北到塔尔巴哈台山，南越兴都库什山，包括阿尔泰至河中地区。

居住地。

② 血亲空间。除了以族别划分居住领域外，喀什噶尔古城内部也多以直系亲属血脉为聚居纽带建构居住群，或以旁系亲属组建犬牙交错状的院落群，最终形成以巷道为单位分布的、颇具人口规模的宗族聚居版块，不仅影响着聚落建筑格局的营建模式，更渗透于人们的生活习俗、家庭组织、制度意识等。

可见喀什噶尔古城不仅是由宗族血脉为纽带而派生出的物理意义上的聚居区，而对亲缘属性的认同，成就了寄托少数民族心理状态与生活方式的精神空间。在血缘人伦的生命肌理制约中，古城始终保持着乡土、淳朴的人居生态观和价值观，遵循着居住文化形态的一律性，从而形成了以社会集体为主系，以血缘关系为支系的族群社会形态，其所承载的复杂社会关系构成了古城独特的和田河流域传统村镇聚落风貌特征。

（二）人居伦理观

10世纪初，伊斯兰教传入新疆境内并成为主要宗教，《古兰经》[①]作为伊斯兰伦理原则的第一渊源，其教义精神涵盖的内容相当广泛，小到衣食住行，大到忠君爱国，为穆斯林民族制定了严格的道德规范，因此和田河流域传统村镇聚落在很大程度上受到伊斯兰教教义的影响和制约，聚落的社会功能蕴含着深刻的宗教人居伦理意义。

“西方”是被穆斯林赋予为神圣的伊斯兰三大圣地发源地，“认主独一”、“顺从全能全智的真主安拉的布置，顺从安拉的使者和代表安拉发布命令的人”[②]，是伊斯兰教义中的重要内容，因此几乎所有的清真寺均朝向西方的麦加禁寺方向，尤其是在“居玛日”[③]礼拜的大寺，其选址、朝向与麦加禁寺的“天

---

① 《古兰经》是第一部诗歌形式的阿拉伯文献，穆斯林认为《古兰经》是世界上现存的，唯一的真主的启示录，在阿拉伯思想文化史上占有重要的地位。它的内容直接反映了7世纪初发生于阿拉伯半岛并对后来阿拉伯民族发展有着深远影响的一场伟大社会变革，故又是研究穆罕默德和伊斯兰教以及当时半岛社会情况极重要的历史文献。《古兰经》的哲理是伊斯兰教义学和阿拉伯哲学思想的重要组成部分，它的法制思想和道德规范，成为中世纪以来伊斯兰国家当权者经世治国的依据。

② 张文建．信主独一：伊斯兰教[M]．北京：世界宗教史话丛书，1999：177.

③ 居玛日，即每周的星期五，男性穆斯林民族最庄重的礼拜日。

图2-19　麦加天房及朝圣场面
（图片来源：网络）

房”[①]（图2-19）保持着极为精确的空间定位关系[②]。伊斯兰民族敬重长者，因此在民居建筑布局中，长者房通常被布置在西侧，冬居室炕上的西墙属上位，用来款待长者或宾客。居民在自家民居圈养牲畜时，也严禁将食槽放置在圈棚的东面，避免牲畜进食时后身朝向西方。

“男主外，女主内”是南疆地区传统穆斯林家庭的基本分工模式，男子在家庭中拥有特殊的权力，而妇女应屈从于丈夫，这种“夫为妻纲”的家庭婚姻伦理关系，一直以来影响着当地的聚落人居思想，如大型的庭院型民居往往会分别设置男宾庭院和女宾庭院，在邻里交往过程中，当男主人不在家时，民居建筑的入户大门只开半扇（图2-20），妻子不得随意招待访客，当男主人在家时，

图2-20　入户大门只开半扇
（图片来源：作者拍摄）

① 天房，阿拉伯语意为“方形房屋”，专指“安拉的房屋”，沙特阿拉伯麦加城圣寺中央的立方形高大石殿，为世界穆斯林做礼拜时的正向。

② 张杰，陶金．喀什古城空间定位研究[J]．世界建筑，2003，1：53．

图2-21　维吾尔族民居建筑室内石膏雕花中的植物纹样（1）
（图片来源：作者拍摄）

图2-22　维吾尔族民居建筑室内石膏雕花中的植物纹样（2）
（图片来源：作者拍摄）

大门则全开，意为外人可以来访。同时，伊斯兰教义的“深闺制度”使得民居建筑的入户门洞进深可达3米至5米，成为民居内外部空间的过渡通道，以此合理的阻断外人直接窥视内宅及妇女的日常生活，规范并塑造着当地少数民族的人居行为与思想。

（三）人居生态观

《古兰经》在描述安拉创世时写道：“他以大地为你们的席，以天空为你们的幕，并且从云中降下雨水，而借雨水生长出许多果实，做你们的给养”（2：22）。“我在大地上生产百谷，与葡萄和苜蓿，与茂密的园圃、水果和牧草，以供你们和你们的牲畜享受”（80：32）。[①]不仅勾勒出一幅完美的自然画卷，同时教化所有穆斯林以爱护真主所创造的自然环境作为善功，以珍惜真主所赋予的恩惠作为衡量虔诚的标准之一，尊重天际间的一切生物，极大地调动了穆斯林民族追求和谐生态环境的热情。加之伊斯兰教反对偶像崇拜，人们便通对植物形象的编织，寄托对理想“乐园”的向往，因此植物成为和田河流域传统村镇聚落营建中必不可少的组成部分。例如穆斯林民族通常将庭院视作家宅的中心，以此整合居住空间的秩序，庭院的大小与园艺效果、植物繁茂程度往往暗示了一个家庭的和睦与兴旺。穆斯林民族也善于将石榴、葡萄、无花果以及藤、蔓、芽、蕾等植物形象进行几何抽象，融合经纬线、对角线，创造出包罗万象的装饰纹样，并应用于建筑室内外彩绘中，使人联想到天穹、下土，正中、方圆，以及回旋、更迭的精神境界，从而达到愉悦生活、陶冶情操的目的（图2-21、图2-22）。

除植物及植物形象外，穆斯林民族也善于利用代表自然万物的特定颜色，传达朴实的人居生态观。由于伊斯兰文化圈中的相当一部分地区位于内陆高原和炎热的沙漠干旱地带，自然环境恶劣，水是非常珍贵的生存资源，因此绿

① 于尚平．“古兰经”中的生态智慧及其启示[J]．中国宗教，2009，2：54．

图2-23　阿帕克和加麻扎寺院
（图片来源：李群）

图2-24　玉素甫·哈斯·哈吉甫德陵墓
（图片来源：李群）

色、蓝色、白色[①]等象征纯洁、神秘、深海、静穆及美好遐想的颜色，成为伊斯兰教义宣扬“清净”境界的代表颜色，因而被大量用于宗教型建筑物、大型民居庭院的室内外装饰，也常见以蓝、绿青花琉璃砖的形式装饰于伊斯兰教圣贤者的麻扎。例如阿帕克和加麻扎（图2-23）始建于1670年，它集西域突厥列朝以来伊斯兰教建筑之大成，包括了几乎所有的建筑类型和形制，最为显著的是建筑外殿的绿顶琉璃装饰的礼拜寺，程度不同地保留了伊斯兰教时期的建筑文化因素，其中还可见波斯、阿拉伯和印度的装饰元素。此外还有玉素甫·哈斯·哈吉甫德陵墓（图2-24）、苏力唐·赛义德的陵园、盖斯陵等伊斯兰陵墓建筑，均以蓝、绿、白为主色调进行装饰。由此可见，《古兰经》中所蕴含的“人与自然和谐统一”的人居生态思想，对和田河流域传统村镇聚落的社会生产和生活产生了深远影响。

---

① 伊斯兰装饰艺术，通常蓝色，白色，绿色为主等多种颜色结合，在伊斯兰教中，绿色是神圣敬畏的颜色，象征着生命与自然，它通常被认为是伊斯兰教的象征，就连《古兰经》的装订线通常都是绿色的。在伊斯兰教中白色通常被用来代表着纯洁与和平，出席周五的祈祷时，许多穆斯林都会身着白色，此外蓝色也是受保护的，通常是主要用来装饰清真寺的颜色，在伊斯法罕皇家清真寺的穹顶装饰祈祷厅，可以看到蓝色，白色，绿色等颜色结合使用这种独特的伊斯兰风格艺术。

第三节　聚落空间的构成特征

一、聚落类型特征

和田河流域传统村镇聚落依据半农半耕的社会经济文化基础，在尊重基地生态自然规律的基础上，以基本生活需求整合土地、宅地、耕地的有机关系，以一族一村、多族一村、耕居一体的建筑单元组成聚居集群，孕育出形态多样的聚落物质环境。因此，本研究中所界定的聚落形态特征着重从建筑学视角出发，包含建筑形式、交通组织、社会功能等各实体要素，关注聚落整体格局的秩序特征，以及聚落“空间”及“营造”的构成机制。

和田河流域传统村镇聚落的类型，按照聚落的形成及功能因素等可分为农耕型、商业型、军事型三类。聚落是人类群体社会关系物化的反映，因此本研究从社会结构的视角对聚落进行深入分析，有利于进一步认识血缘、地缘群体等社会组织与聚落形态特征的对应关系，加深对聚落构成要素的理解。

（一）农耕型聚落

新疆和田河流域地处南疆地区，在自然环境背景的影响下，其游牧聚落相对北疆较少，并由于南疆地区早于北疆进入农业文明的转型，完成了从“顺天时，逐水草，牧牛羊，居无定所”的生产阶段，并向“农牧结合，多种经营”的新聚居方式过度。

古代南疆地区从原始社会阶段开始，就存在相当规模的农业生产[①]，据已经掌握的部分测定数据分析，应当在距今4000年前左右[②]。在随后发现的大量原始社会阶段古遗址或墓地内，可以明确见到占有极大比重的且从事农业生产的材料以及灌溉水利工程。例如喀什地区疏附县乌帕尔公社乌布拉提大队内的阿克

① 王炳华．新疆农业考古概述［J］．农业考古，1983，4：78-80.

② 1979年冬，新疆社会科学院考古研究所在孔雀河下游发掘了一批原始社会时期的墓葬，出土了小麦。据北大考古教研室碳十四试验室用木材、毛布、皮张等测定，墓地年代当在距今三千七百年至四千年上下。

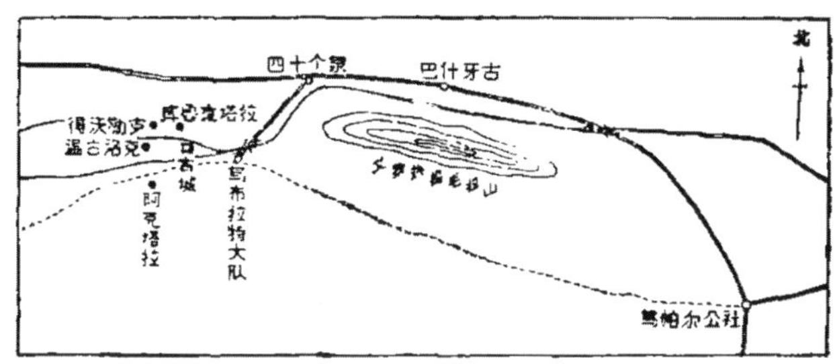

图2-25 疏附县阿克塔拉等新石器时代遗址示意图
（图片来源：《新疆疏附县阿克塔拉等新石器时代遗址的调查》，新疆维吾尔自治区博物馆考古队）

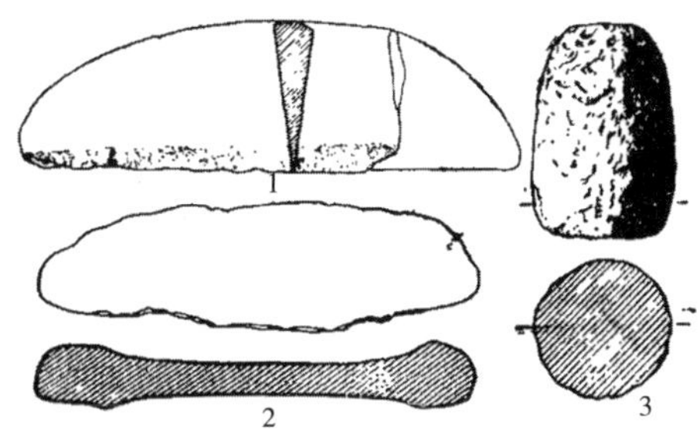

图2-26 温古洛克遗址内的石器农具，1.刀（50003）2.磨盘（500011）3.称（50005）
（图片来源：《新疆疏附县阿克塔拉等新石器时代遗址的调查》，新疆维吾尔自治区博物馆考古队）

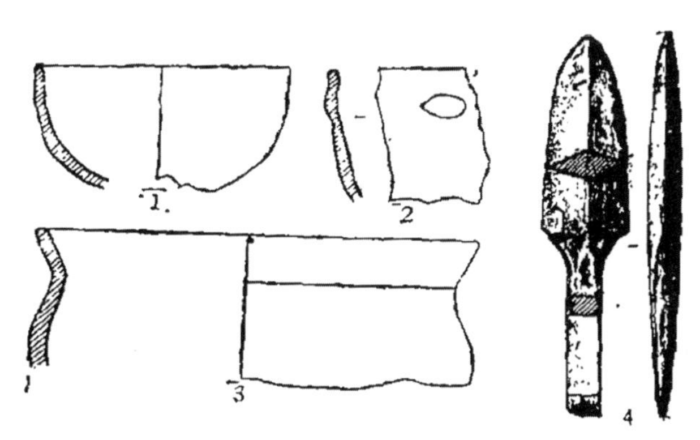

图2-27 德沃勒克遗址内的石器农具及生活用具，1.陶林（SD103）2.陶盆（SD105）3.陶罐（SD100）4.骨镞（SD001）
（图片来源：《新疆疏附县阿克塔拉等新石器时代遗址的调查》，新疆维吾尔自治区博物馆考古队）

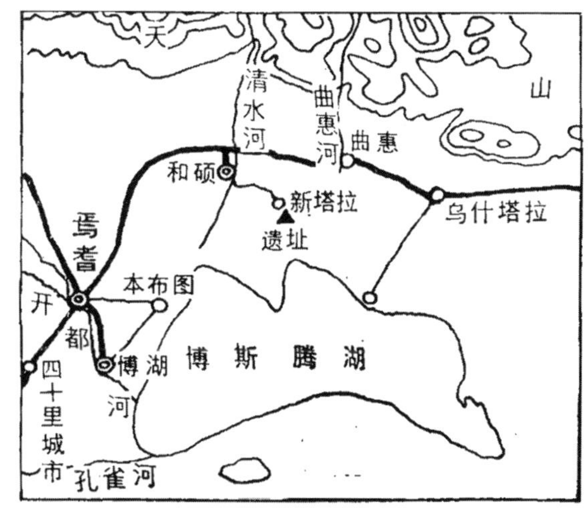

图2-28 和硕县新塔拉遗址示意图
（图片来源：《新疆和硕新塔拉遗址发掘简报》，新疆考古所）

塔拉（图2-25）、温古洛克（图2-26）、德沃勒克（图2-27）等几处新石器时代遗址聚落，它们均地处帕米尔东麓的山前地带，虽然目前已沦为沙石荒漠，但在考古遗址中仍可明显发现与农业生产有关的大量农业用具，这表明了当时该聚落已经成为以农业生产为主的农耕型聚落。在库尔勒地区和硕县新塔拉遗址（图2-28）中，文化层堆积厚达五米以上，遗址内多件见彩陶、磨制等石器，种

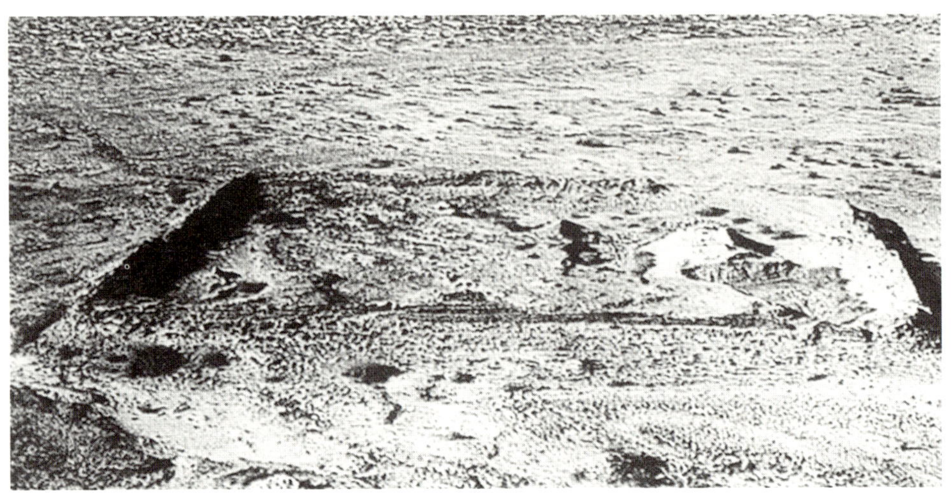

图2-29　米兰伊循古城遗址
（图片来源：《丝绸之路·新疆古代文化》祁小山、王博编著，乌鲁木齐：新疆人民出版社）

种迹象表明该聚落遗址内不仅有农业的存在，且曾经长期定居。

此外，大规模的水利灌溉工程的出现也是考古认定农耕型聚落的重要标志。目前还未在新疆境内发现汉代以前的水利灌溉遗迹，因为汉代前的农业规模较小，农田通常选址在引水较为便利的河流下游。汉代以后，中央王朝大举推行屯田制度，水利事业得到进一步发展。就目前已知的位于库车地区沙雅县、新和县境内的汉人渠，黄文弼[①]先生早在20世纪20年代末期便对其进行过考古调查，曾发现聚落遗址中有多处水渠，其中“古渠位于（英业）古城之东北”，“长达二百华丽华里之古渠……在渠旁及聚落遗址中，曾觅出汉代五铢钱及陶片”。对这一长达二百里、宽六米的古渠及沿渠的古城聚落废墟，1981年，新疆社科院考古研究所伊第列斯等人进行了再次考察。在若羌县米兰古堡附近，也曾发现一处古代大型灌溉系统，该渠系与古米兰河通联，并可应征这一古代灌溉渠系，应该就是汉代伊循城[②]的遗迹（图2-29）。由此可见，南疆地区

① 黄文弼，我国著名考古学家，西北史地学家，对西北史地和新疆考古的研究卓有贡献，论证了楼兰、龟兹、于阗等古国及众多古城的地理位置和历史演变，判明了麹氏高昌的纪年顺序和茔域分布，提出了古代塔里木盆地南北两河的变迁问题，更为探讨新疆地区不同时期的历史文化积累了相当丰富的资料。

② 伊循城，即米兰古城，位于若羌县城东80里处，由唐代吐蕃古戍堡和周围分布的魏晋时期的古建筑群遗址组成，古城内部可见大型汉代屯田水利工程设施及大量屯田建筑遗址。据考证古城周边分布3座佛寺、8座佛塔，曾有16个屯军群落和一个炼铁遗址，灌溉渠系纵横，布局合理。

农耕经济文明的发展，是该地区传统聚落以及社会生产事业的保障，其积极意义不容低估。

（二）商业型聚落

农耕型聚落在我国传统聚落社会中一直占据主导地位，但随着社会经济的不断发展，尤其受到早期资本主义萌芽的冲击，在人口密集、交通繁忙、商品经济发达的地区，共同从事某种或某些职业及相关行业的人群聚集在一起，构成利益密切关联的业缘群体，形成商业型的聚落，与传统的农耕型聚落相比，商业型聚落明显表现出外向型的特征。

图2-30　吉日尕勒文化遗址
（图片来源：首次入疆——塔什库尔干的文化接触“吉日尕勒文化遗址的汉—唐古驿站”，网易博客）

新疆和田河流域地区自古便是古丝绸之路上重要的经济腹地，在丝绸之路新疆段境内的大量商业型聚落城址以及宗教、艺术、文化等均与丝绸之路的通衢保持着密切的关系。历史上在汉代屯田制度的颁布下，随着中原汉民族大规模的西迁，为和田河流域地区带来了先进的生产技术、生产文化与生产工具，进一步促进了该地区聚落商业经济的繁荣发展。当时的经济活动高速发展致使出现了一大批以商业驿站为核心的综合型聚落。

驿站，亦即商队旅馆，新疆当地叫作“由尔特古巴斯”。驿站是独具风范的建筑或建筑群组，不仅要提供舒适的环境，也承担保护托运的货物和牲畜的功能，此外还要兼备兵站、后勤补给等军事价值。据《新疆考古论集》[①]所载，罗布淖尔有一土垠遗址，经黄文弼考证，这一土垠为当年的驿站，并且很有可能为当时的邮件中转站。再如位于若羌县城偏北西汉时的打泥城，唐代称纳缚波城，元朝为罗布城，当年曾是塔里木大沙漠南缘的一大城镇，不仅包含大型商栈，同时也兼顾军镇的功能。此外还有如喀什地区的旧石器时代吉日尕勒遗址，曾是汉唐时期古丝绸之路的商业驿站（图2-30）。此外还有沙雅县汉人渠遗

① 孟凡人．新疆考古论集[M]．兰州：兰州大学出版社，2010：33．

址附近的“羊达克沁”，1982年黄文弼随中瑞西北科考团进入塔里木盆地进行考古挖掘时，在此处发现了大历元宝[①]、建中通宝钱币[②]。1957年左右，黄文弼第四次进入新疆进行考古发掘时，又在库车县东南约110公里的大黑汰沁古城、县城北约40公里处的苏巴什古城发掘了大历元宝和建中通宝古钱币。种种迹象表明，这片地区自汉迄唐，曾是一片大规模的商业中心。

（三）军事型聚落

人类历史进程表明，军事对抗有助于技术的孕育，战争通常成了催生建筑技术进步的酵母。史前时期是和田河流域是军事型聚落格局形成的初期阶段，这一时期没有现代意义上的民族概念，但却有多人种共同生活的痕迹。汉代以降，西域情况发生了重大变化，国属领地的战争不断频繁发生，出于军事防御的需要，烽燧、卡伦、城垣等多种防御型建筑的规模逐渐扩大，军事型聚落的功能不断加强，因此多民族、多王朝更替则成为影响该传统村镇聚落分布的重要因素，也是军事型聚落诞生的重要原因。

历史上北方游牧民族政权对和田河流域定居民族曾经保持着强烈的政治影响，致使该地区形成了“小国林立，互不统属”的聚落格局。东汉至魏晋南北朝时期，西域三十六国[③]曾一度分裂为五十余国，后合并为西域六大国，诸国各称霸一方。唐代以后，样磨、葛罗禄等异姓突厥诸部进入塔里木盆地南缘，随后出现了西州回鹘国[④]、于阗国[⑤]和喀拉汗王朝[⑥]三国并立的局面，和田、喀什噶尔成为绿洲军事聚落重地。西汉统一西域后颁布了“设官屯田”政策，在塔里

---

① 中国古代钱币的一种，中国最早的年号元宝钱，是唐代宗李豫大历年间的西北地区地方铸币。

② 中国古代钱币的一种，是唐德宗李适建中年间的西北地区地方铸币，在新疆库车一带却屡有出土。

③ 西域三十六国是对今玉门关名字始出以西地区的总称，当时“西域都护”管辖的地区即所谓的“西域三十六国”（最早为五十国，后各国之间吞并为三十六国），经考证在乌孙、龟兹、焉耆、若羌、楼兰、且末等地。

④ 西州回鹘国又称高昌回鹘国，位于今新疆吐鲁番东南之哈喇和卓地方，是古时西域交通枢纽，以及东西交通往来的要冲，亦为古代新疆政治、经济、文化的中心地之一。

⑤ 于阗国是古代西域王国，地处塔里木盆地南沿，东通且末、鄯善，西通莎车、疏勒，盛时领地包括今和田、皮山、墨玉、洛浦、策勒等县市，是西域南道中最大的绿洲，自2世纪末佛教传入后，逐渐成为大乘佛教的中心，魏晋至隋唐，于阗国一直是中原佛教的源泉之一。

⑥ 喀喇汗王朝是指10-13世纪初回鹘人在中亚及今新疆喀什、和田地区建立的伊斯兰王朝，亦称“黑汗王朝”或“葱岭西回鹘”。

古西域南疆地区屯垦聚落概况（来源：张小雷） 表2-1

朝代	屯垦聚落
西汉	伊犁河谷、渠犁、轮台、北胥鞬、焉耆、姑墨、伊循
东汉	伊吾庐、疏勒、于阗
魏晋	楼兰、高昌、尼雅
唐代	焉耆、于阗、疏勒、轮台
元代	哈密力、曲先、亦黑里、可失哈儿、斡端、阇挥
清代	吐鲁番屯区、伊犁屯区、哈喇沙尔屯区、乌什屯区、阿克苏屯区、哈密、巴尔楚克、喀喇赫依

木盆地周边的重镇或交通要地设置了大量屯田聚落，兼具军事和生产的双重职能（表2-1）①，同时军屯的出现也催生出了烽燧、炮楼、堡、城墙等城郭军事防御功能的诞生。

烽燧也称烽火台、烟火台，既是古代军事的重要据点，又是原始的军事信息传播媒介。汉代、唐代和清代是烽燧建设的三个高峰时期，其规模几乎遍布天山南北，从楼兰始建，蔓延伸展分出两路：一路向西，沿着孔雀河、塔里木河，可以到达焉耆、轮台、库车；一路向西南，经过敦力克到达米兰。汉代时期的烽燧通常作为修建长城的前站，唐代则在汉代的基础上以土石扩大建造规模，逐步到清代扩大为城郭。例如克孜尔尕哈烽燧（图2-31），始建于东汉（公元1世纪～3世纪），是新疆目前古丝绸之路上时代最早、保存最完好的烽燧遗址，它位于新疆库车县依西哈拉乡境内，坐落于却勒塔格山南麓盐水沟沟口的冲击台地上，“整体形状看起来呈梯形，基地呈方形，边长在16～25米不等。峰体残高在5～20米，多用片石、树枝夹筑，并用土坯砌垒而成”②。基座初为夯筑，顶部为木坯垒砌，并建有望楼，现仅存木栅残留物，烽体受自然侵蚀，风

图2-31 克孜尔尕哈烽燧
（图片来源：网络）

① 张小雷．塔里木盆地城镇的地域演化[J]．干旱区地理，1993，4：65．

② 新疆维吾尔自治区政府新闻办公室．丝绸之路上外国探险家的足迹[G]．北京：五洲传播出版社，2005：26．

化作用，南侧中上部已呈凹槽状。

屯营是兼具生产生活、商业贸易、军事防御于一体的军民两用城郭，早期以农耕文化为主，但由于与戍边的密切关系，其亦军亦农的功用日渐突出，最终成为重要的政府御边型聚落。例如伊循古城遗址，伊循是通往楼兰古城的必经之路，著名历史人物张骞、班超、玄奘都曾路过这里。汉昭帝元凤四年（前77年），汉朝应鄯善王的请求，派遣司马一人，带40名官兵在老米兰河岸边的伊循屯田，成为自汉武帝始在西域开辟的12个垦田屯营区之一，并增设了如军帐、营房、粮仓、作坊、畜舍、磨坊、寺庙等军民功能设施。就考古资料表示，伊循遗址附近曾发现了突布提城堡及烽火台，城堡面积约3900平方米，相传突布提城堡建于唐代，为吐蕃时期的军事城堡之一，城垣最高残存7米多，四周皆有望楼，此外还有古戍堡、16个屯军聚落以及完整的垦区灌溉系统遗址。

总之，军事型聚落是军事活动的产物，从根本上来说起着划定疆域的作用，国家政治的需要加快了聚落发展的进程，屯田和戍边的诞生，以及一系列新型生产技术、军事通道、交通网络等将新疆与中原从政治上更加紧密地联系在了一起，不仅将少数民族地区的建筑营建技术纳入了军事领域，也为西域日后的经济、政治和文化活动开辟出了新的落脚点。

二、聚落布局特征

（一）聚落外部形态

历史时期，塔里木盆地周边绿洲传统聚落整体呈现出以喀什为基准的“C”字形分布形态，由于各聚落间以珠串状远距离分散于盆地四周，城镇的功能辐射力度较小，长期以来使得各聚落形成了内部形态多样，但外部轮廓闭塞的布局模式，常见的有：

1. 条带型，多为随地势或水流方向顺势延伸的聚落布局模式。

2. 组团型，由多种功能及多个民居群组成，并随地形变化或因水系、道路相联的群体组合布局模式，塔里木盆地周边大小交织的屯田聚落要地多为该模式。

3. 放射形，以一个或多个具有政治、宗教、经济职能的核心体为中心，主要交通流线呈放射状向外部延伸，形成视野开阔的布局模式。

4. 自由型，随地形、地势变化自由布局，多为古代游牧聚落及为数不多的少数民族自然村聚落。

依托水源且有适度的耕地规模也是影响聚落布局形成的决定性因素，因此古民族通常将聚落选择在水源丰沛的河流中上游冲积平原地带，在枯水期则通过开发水随聚落而流的人工水利，主观重塑地域格局。以和田尼雅乡喀帕克阿斯干村为例，该村位于塔克拉玛干沙漠边缘，是荒漠戈壁与绿洲交界线上的小村落，著名的精绝古国尼雅遗址距其28公里，尼雅河距其村落外围1～2公里。夏季尼雅河水位较高，滋养了沿岸茂密的胡杨和红柳林，形成了沙漠与聚落间天然的防风屏障，冬季人们则通过修筑旱涝坝、人工渠和轧井蓄水取水，因此使得原本为巴鲁达库村放牧区的游牧型聚落，逐渐演化为农业定居聚落，并在沙漠中保有一席生存之地①。

（二）聚落内部形态

内部空间组织是聚落社会功能、活动方式、精神空间的有机关系系统，具有极强的灵活性和适应性，多以精神空间为“核”，以宅群组团为细胞，以道路体系为主干建立的居住空间环境。受自然环境和宗教活动的影响，南疆地区绿洲乡土聚落空间具有明显的方向、中心、领域特征，这与中国传统哲学中“空间向心性”框架相吻合。

1. 以街巷为方向，聚落内部空间的街巷通常分为街道、巷道、尽端巷三类道路系统，作为住户、邻里的界限，以及居住区的城市公共空间，是维系社会交往、集市交易、运输交通的重要肌理。街道是构建聚落空间结构的线形控制体系，作为聚落内部最重要的交通主干道，通常兼具“巴扎”的功能；蜿蜒、狭小的网状巷道承载了极高的步行穿行可能性；尽端巷是聚落空间系统的末端

① 侯甬坚．西昆仑出山径流尼雅河与尼雅聚落[J]．西域研究，2009．1：62．

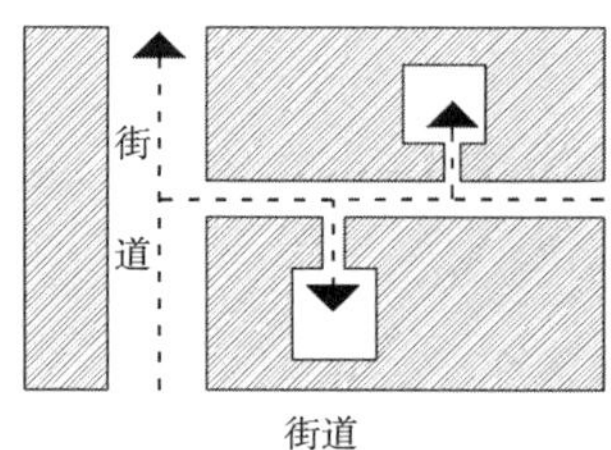

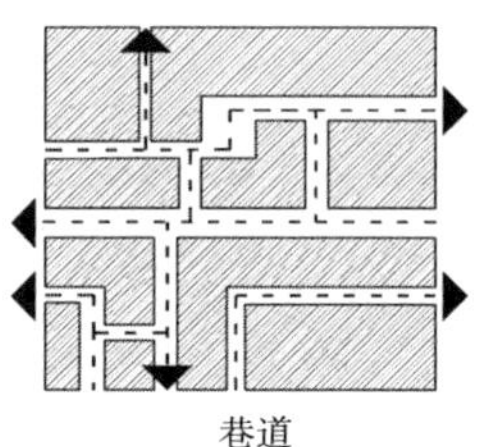

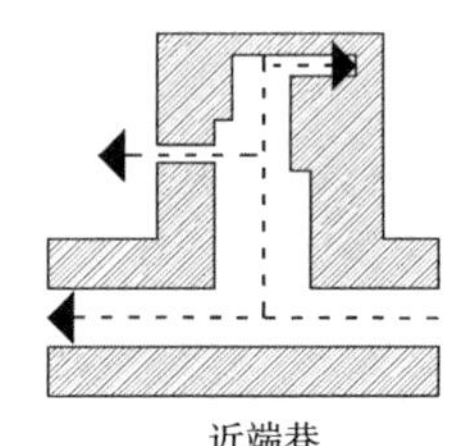

图2-32　聚落内部街巷系统分类
（图片来源：作者绘）

图2-33　历史时期艾提尕尔广场多种社会功能的伊斯兰文化空间——1964年艾提尕尔广场集会活动场景
（图片来源：《西昆仑出山径流尼雅河与尼雅聚落》，侯甬坚）

图2-34　历史时期艾提尕尔广场多种社会功能的伊斯兰文化空间——20世纪70年代《人民日报》俄文版介绍艾提尕尔广场节日景象
（图片来源：《西昆仑出山径流尼雅河与尼雅聚落》，侯甬坚）

部分，具有极强的团体私密性。建筑的垂直界面与街巷构成了深幽、狭窄的半封闭空间，随着道路的等级逐级降低，邻里间的私密性逐渐加强，聚落内部空间的公共秩序逐渐减弱（图2-32）。

2. 以清真寺为中心，和田河流域传统村镇聚落内部通常以代表政治、经济、宗教及社会权利的清真寺作为居住空间中心，形成“围寺而居”、“以街坊成群（片）而设寺”的空间形态格局。小型清真寺常处于聚落主要巷道的节点处，当地居民将清真寺前有限的空地作为短暂社交的公共场所，大型清真寺，如艾提尕尔清真寺、加米清真寺等，早已从单一的宗教活动场所发展成为具有多种社会功能的伊斯兰文化有形空间（图2-33、图2-34）①，辐射从属的宗教单位及四周民居群，引导聚落呈“十字轴”或“内环放射”状的空间形态特征（图2-35）。

① 图片来源：左，喀什市文物保护局馆藏历史照片；右，天津大学城市设计研究所：“喀什历史文化名城保护规划（成果6）”，“新疆喀什文物古迹保护单位图鉴”2007：3.

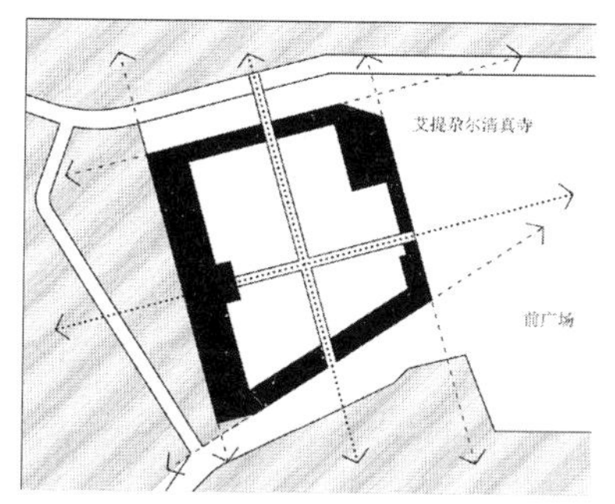

图2-35 艾提尕尔清真寺平面“天心十字”结构
（图片来源：作者绘）

图2-36 尼雅古城遗址
（图片来源：《丝绸之路·新疆古代文化》祁小山、王博编著，乌鲁木齐：新疆人民出版社）

尼雅古城聚落遗址民居群分布（来源：杜博怡） 表2-2

区域	序号	组团名称	描述
北区	1	民居组团	尼雅古城遗址聚落的最北部，由13组建筑群组成
	2	生产组团	密集植被区域，居住兼具种植的生产功能
中区	3	佛寺T1组团	尼雅河道北侧，聚落遗址经济、政治核心区
	4	佛寺T2组团	尼雅河道南侧，聚落遗址经济、政治核心区
	5	佛塔及墓葬组团	与T1、T2呈三角之势，具有政治、经济、居住等多种功能，建筑密度大，设施最为齐全
	6	民居组团	遗址中规模最大的民居群
南区	7	古桥民居组团	单纯居住功能，建筑分布较为松散
	8	城墙民居组团	靠近遗址南部城墙，单纯居住功能，分布极为松散
	9	民居组团	遗址最南部，单纯居住功能，建筑分布较为松散

3. 以民居群为领域，民居群是具有明显围合关系的内向群体空间，在功能上可分为中心民居群和从属民居群，中心民居群包括经济中心、宗教中心、生产中心；从属民居群多分散于中心民居群外围，且以居住为主要功能的居住群。民居群作为把控聚落空间领域的重要环节，在历史演化过程中，不可避免地相互干预、投影、重塑着聚落的内部空间结构，引导着街巷的自然走向，并且以建筑为单元，承载着复杂的人居社会关系。以尼雅古城遗址为例（图2-36）（表2-2）[①]，狭长的聚落遗址被民居组团划分为9个主要的空间区域，佛寺、民

① 杜博怡．尼雅聚落空间关系研究[D]．北京建筑大学硕士学位论文，2013：73.

图2-37　喀拉墩遗址
（图片来源：网络）

图2-38　民丰县安迪尔遗址
（图片来源：cherish17，互动百科）

居、墓地、渠系、农田和冶炼区分布有序，并与相邻的喀拉墩遗址（图2-37）、安迪尔遗址（图2-38）等保持着相似的空间格局。

第四节　乡土建筑的构建体系

一、乡土建筑的地域特征

民俗学家指出："人类的居住与分布，与所生存的社会属性、生活、生产方式有着密切的联系，因此人们利用各种有利的自然条件，构建集群式的住屋群体，从而形成聚落社会结构，建筑则是组成聚落社会空间最重要的物质单元"①。

阿克苏、和田等地，是和田河流域地区人口较为集中、聚落建筑营建体系极具代表性的少数民族聚居地区，此外，位于南疆地区的巴音郭楞蒙古自治州、喀什、克孜勒苏柯尔克孜自治州等地，均彰显着独特的聚落建筑形态特征。

① 李群．新疆生土民居[M]．北京：中国建筑工业出版社，2014：103.

（一）阿克苏地区

库车古称龟兹，位于阿克苏地区东端，天山中段南麓，塔里木盆地北缘，面积1.50万平方千米，人口36.01万，是古丝绸之路的中路要地。这里先后居住有龟兹土著人、羌人、鲜卑人、柔然人、高车人、吐蕃人、回鹘人等，依照行政区划，库车县共有1个镇13个乡，主要以维吾尔族为主，还有汉、回等民族。

库车县城被分为新城区和老城区，老城区占地4平方公里，周围约有四十多处民居组，105户古民居，约3万多人①。老城区内的民居建筑构造保留了生土民居佯造高峰时期的共同特征，以土木结构为主，多采用草泥平屋顶木框架土坯墙营建体系。建筑的屋顶多为木结构平屋顶，有呈网格状纵、横交错的顶梁，上面苫柳席或苇席，然后抹泥，并普遍附有天顶采光设施；建筑墙体较薄且多为单层，层高在4～5米之间；院落布局采用非对称式布局，居室或偏于院落一侧，或呈曲尺形坐落，也有的成三面围合，但没有明确的轴线；由于重视院落的纳凉功能，多采用篱笆构成外围，内种果树，架葡萄藤等绿化植物（图2-39）。基于历史上佛教文化对库车地区的影响，在田野考察中发现了大量除伊斯兰教文化痕迹外的建筑遗存，不少建筑的汉文化元素斐然，例如随处可见汉式宫廷建筑的方柱、枋、梁托等，也多见装饰顶棚上刻有“寿”、“福”字的简洁花雕。

图2-39　库车民居
（图片来源：李群）

（二）和田地区

和田地处新疆南部，南屏昆仑山脉，北接塔克拉玛干大沙漠，具有盆地边缘典型的内陆沙漠气候特征。和田地区干热少雨、温差大且常年大风，因此该地区的聚落建筑普遍为避免风沙侵袭的集合式阿以旺民居，维语意为

① 郭黛姮．库车老城区[M]．北京：中西书局，2010：25.

图2-40　和田民居
（图片来源：作者拍摄）

图2-41　和田民居院落的通风采光封顶
（图片来源：作者拍摄）

“光明之处”，最早可追溯至3世纪之前，常见的有庭院式阿以旺、密集庭院式阿以旺等。

和田的阿以旺式民居历史悠久，主要分布在沿塔里木盆地沙漠边缘的于田、墨玉、民丰、皮山等地。大量古城遗址表明，古代和田地区聚落建筑的结构形式主要是木构架系统，简支密梁（檩）与密铺小椽平屋顶，而现代和田阿以旺民居则进一步传承了尼雅古老的民居建造传统，形成了具有自身特色的民居形态（图2-40）。在平面布局方面，室内格局自由灵活、不拘一格，无明显的中轴线，通常以中庭阿以旺为主，中间为大客室，前部为走廊，卧室有冬夏之分，客房布置在入口的某一端。为了防备风沙，阿依旺民居的房间一般都用小平天窗采光，偶尔会在庭院上部加盖封顶，为通风采光起见，使其顶部突出于四周建筑的屋面之上60～120厘米左右（图2-41）。即使在偏远的于田，克里雅人也喜欢在屋顶留有一扇窗透气采光，这样的设置即所谓的“阿以旺”，将垒砌大坑的民居建筑称为“匹希阿以旺”。虽然民居的封闭性强，但极其重视庭院绿化，以达到降温消暑，美化环境，改善民居的微循环小气候的作用（图2-42）。

图2-42　于田民居建筑
（图片来源：李群）

（三）巴音郭楞蒙古自治州地区

巴音郭楞蒙古自治州简称巴州，巴音郭楞系蒙语，意为“富饶的流域”，全州辖库尔勒市，焉耆、和静、和硕、博湖、尉犁、轮台、若羌、且末八县，行政面积48.27万平方公里，有蒙、维、汉、回等46个民族，这里曾是西汉西域都护府的所在地，西域36国中有11国曾在此境内。

分布在巴州的蒙古族多居住土屋，是一种多坐北朝南的平顶土质民居建筑，建筑的南面设窗，户室布局自由灵活，小则三间一幢，多则“一”字形排列，或呈对称式“凹”字形及曲尺型。除土屋外还可见到半穴居的生土民居，通常借助于山坡地，沿斜坡下挖，与坑对应高出部分，用石块或土坯砌成，形成下挖上砌的构筑方式，屋顶为圆木和苇束铺盖。由于当地生土的含碱量大，因而巴州的蒙古族民居用土和土坯做墙时，一般不直接从地面上夯筑，而是用砖和石作基础，并用苇束或砂浆做防潮层，以保证墙的耐久性。

由于焉耆县地区蒙古族佛教属于藏传佛教格鲁宗（黄教）新派，又称喇嘛教，多集中于包尔海乡开来提村，因此村内除普通生土民居外，还建有喇嘛庙，以及喇嘛式住宅。由于该地区的地下水位较高，民居建筑通常采用填高地基的做法，土筑墙一般为分层夯打生土，内外墙宽厚，建筑外观质感朴实，从墙断面可看出，墙下宽一般约为50～60厘米、上窄35～45厘米。该地区的民居建筑普遍不重视外立面装饰，与之形成鲜明对比的喇嘛式住宅则是个例外。喇嘛式住宅的外廊及檐廊作为重要的室内外过度空间，极大地丰富了建筑结构以及建筑的外立面，使建筑呈现出别具一格的视觉韵律。

（四）喀什地区

今日的喀什地区古代称疏勒，地区辖1个县级市、10个县，总面积16.2万平方千米，约占新疆土地总面积的1/12。喀什地区地处中亚腹部，属暖温带大陆性干旱气候带，并受水系、地形地貌、地域降水等影响，喀什地域土壤普遍肥沃，木材资源相对丰富，因此聚落建筑普遍为木构架的半生土民居，建筑形态普遍为阿以旺民居演化而成的大规模毗邻型院落，被当地称为“匹希阿以旺”。

图2-43　喀什民居大门
（图片来源：作者拍摄）

匹希阿以旺的建筑布局多呈现封闭式内向性特征，户室布局没有固定格式，但却具有围而不死且封而不闭的特点，具有良好的保温、保湿性能。庭院内部具有一定的防风沙功能，但由于风沙较之和田地区要小，一般不做严密封盖，以三合院的组合形式为多，形成一侧敞开的“阿克塞乃”。为了适应早晚温差悬殊的地区气候变化，建筑重在以厚实的外墙和相对封闭的院落空间围成舒适的小气候环境，房屋布局不强调日照方向和入口方位，也不看重宗教礼拜朝向，为保持室内干燥，建筑大多建在较高的台基上，形成浑厚、粗犷的建筑群外观（图2-43）。

此外喀什地区还有一种平地建造的民房，通常首先以十石为基础，上砌以砖，砖上砌土坯，四面墙体，墙上只开门，不开窗，一直到顶部。建筑内部的客厅是房间组织的中心，卧室及储藏室为次，户型小而紧凑，开间3～5米，进深大约10米，并且形成室内外装饰风格相互渗透交融、浑然一体的特点（图2-44）。

图2-44　喀什民居
（图片来源：作者拍摄）

图2-45 塔吉克民居“蓝盖力”
（图片来源：网络）

图2-46 塔吉克民居内的生活场景
（图片来源：网络）

（五）塔什库尔干地区

塔什库尔干位于帕米尔高原地区的温带极干旱地区，隶属喀什地区管辖范围，为塔吉克族的主要居住地。塔吉克人的房屋一般为土木结构的正方形平顶屋，被称之为“蓝盖力”（图2-45、图2-46），这种建筑虽普遍低矮，但体量较为宽大，房屋的长度和宽度均为7米，这种建造习俗赋予了数字“7”以神圣的性质，认为7代表了伊斯玛仪[①]，是伊斯玛仪派的第七代，而蓝盖力的出现也与伊斯玛仪派[②]的哲学思想有着密切的联系。

在建筑特征方面，蓝盖力具有明显有别于维吾尔族的建造特点，例如建筑的墙体上通常不设窗，但多在屋顶中央开有天窗，屋顶通常用作晒台，中间稍高，四边稍低，以便雨水下流。建筑往往以木梁柱为主要支撑结构，但为适应气候的特点，外墙依然由生土筑成。建筑内部通常分为3个部分，以一间特大房间作为主室，其他各室分为客房、厨房等。为了避风，建筑习惯于在东或南方向的一角开一樘门，房门向阳，在进门处建1.5米左右的土墙或木隔断形成防风、隔热的门斗。

---

① 伊斯玛仪：先知易卜拉欣之长子，《古兰经》中记载的古代先知之一。
② 伊斯玛仪派：伊斯兰教什叶派主要支派之一，亦称七伊玛目派。在中世纪伊斯兰教史上，伊斯玛仪派在思想、政治、军事上均产生了广泛深刻的影响。

（六）克孜勒苏柯尔克孜自治州

图2-47　柯尔克孜族毡房
（图片来源：网络）

克孜勒苏柯尔克孜自治州，简称“克州”，柯尔克孜语意为“红色的河水”，克州地跨天山山脉西南部、帕米尔高原东部、昆仑山北坡和塔里木盆地西北缘，是柯尔克孜族的主要聚居地。

如今的柯尔克孜族主要生活在农耕和半农半牧地阿合奇县，受居住地区的气候条件、生活方式和生产特点影响，柯尔克孜民居主要分为毡房、土房、木房等几种。受游牧生活的影响，夏天放牧的柯尔克孜族多住在气候凉爽的高山地带的河流附近，称为“夏窝子”，毡房（图2-47）是最基本的民居形式。柯尔克孜语将毡房称为“勃孜吾”或“克依孜围”，是一种用柳树、桦树、楸树等制作栅栏、支架、天窗架、门框，并搭盖毡子、木料和纺织花纹芨芨草的帐篷，具有冬季暖和、夏季凉爽、不存水、不积雪，便于拆卸搬运的特点。毡房的室内格局单一，但陈设有序，例如室内的进门靠右边是放炊具和食品的区域，右后角是父母和年幼子女的铺位，左角是儿子和儿媳的铺位。土炕上铺柯尔克孜式花毯，墙面挂“库西都可”壁毯和刺绣围布，或者不设炕，中间摆放条桌，两侧摆座椅和茶几在农耕和半农半牧地区。

图2-48　柯尔克孜族现代砖木房
（图片来源：网络）

现今，柯尔克孜族多居住砖木房（图2-48），房屋一般为长方形，房门是描摹花纹的双扇板门，门板外挂芨芨草帘，木房的阳面开一两个小窗，窗口外加一木盖。除毡房和木屋外，柯尔克孜族在冬天多住土房，柯尔克孜语称为“塔木围”。土房多为长方形或方形，平顶，土墙壁厚而坚固，有用土坯和生土砖垒砌筑的，也有用黄土夯筑，离牧区近的则用草皮叠砌，有的在土屋周围还筑一道土院墙。

二、乡土建筑的营建模式

受地理环境、生态气候条件限制，南疆地区绿洲乡土聚落的建筑普遍采用生土结构替代大木作开展传统营建，在规避自然环境缺陷的基础上，利用生土台地营造建筑体系，著名的西域传要著《梁书·高昌国传》所记载的“架木为屋，土覆其上”[①]正是描述了我国两汉两晋时期西域传统建筑“土木居室”和“减地留墙与土块垒墙”[②]的特点。

（一）建筑材料

中国古代建筑工程中有关筑基、筑台、筑墙、制土坯、凿井等土方工程的专业被称之为“土作”，大规模的建筑活动也被称之为“大兴土木”，现代建造各类工程设施的科学技术被统称为“土木工程”。可见从古至今，土在就地取材的夯土建造作业中起着极为关键作用，但囿于认识的局限，人们时常将生土建筑视作粗陋的原始文化遗产，垂青于土木结构民居。

生土是西北地区普遍使用的乡土建筑材料，并且具有诸多优点，例如建造工艺简单便利、可塑性强、保温隔热，具备一定强度的承受力等。于其特殊的品质，建筑的搭建方式也极为多样（图2-49）。

1．原生土。即非搅动土，原生土适宜用作制作建筑的受力构件，例如基础、墙身、屋面等。由于新疆地区风沙大，光照强，因此人们为了适应环境，不得不利用原生土掏、挖坑成室，或从地面向下深掏，形成洞穴，即地窖、地洞、地窨子或地下室，例如焉耆佛教石窟、库车苏巴什的毗诃罗窟等。

2．全生土。即加工生土，是指经过加工后仅改变物理性能而不发生质变的土，如土坯、夯土墙、土疙瘩墙等，全生土建筑则指用加工好的生土材料构件进行建造的建筑，有的也会采用加工生土与原生土合造的方式，这种做法在新

① 姚思廉．梁书，卷54《诸夷·西北诸戎·高昌国传》[M]．北京：中华书局，1973：811.

② 宋晓梅．高昌国——公元五至七世纪丝绸之路上的一个移民社会[M]．北京：中国社会科学出版社，2003：360、361、362.

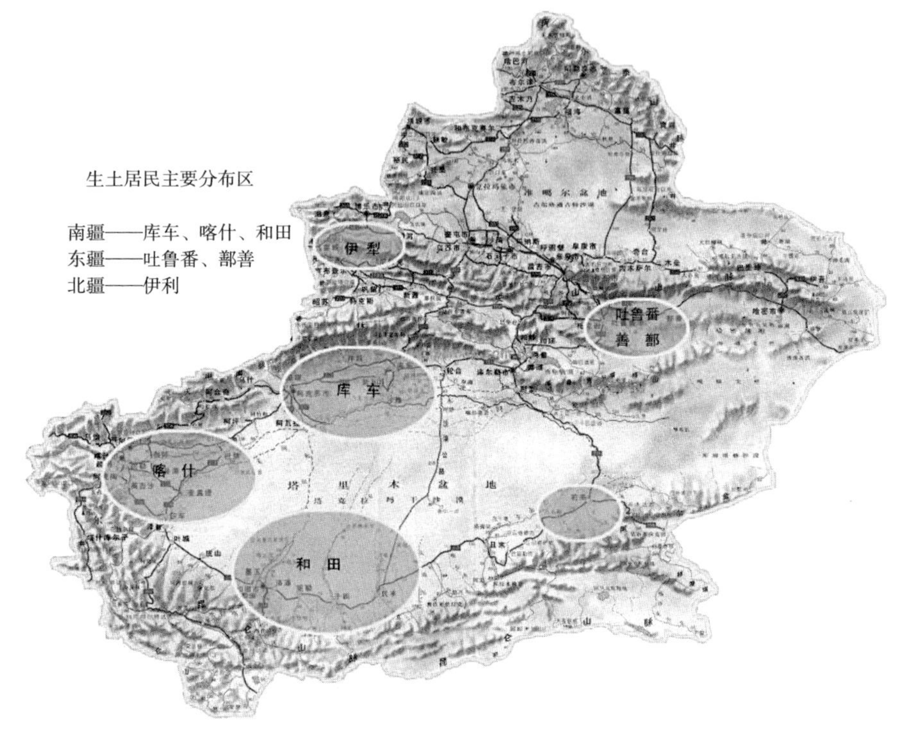

图2-49 生土民居分布示意图
（图片来源：李群，《新疆生土民居》，北京：中国建筑工业出版社）

疆各地应用十分普遍。

3．半生土。是指部分采用其他辅助材料建造的生土建筑，通常为土木混合结构、土砖木混合结构，建筑的墙基、墙身为夯土建造，而屋顶采用木梁、木檩、木椽、树枝等做承重结构。半生土建筑对木材、石砖有着更为严格的选材要求，但具有就地取材、造价低廉等优点，因此使用非常广泛。

（二）构筑方式

和田河流域传统建筑是在漫长的历史中自然衍化形成的，有自身的建造生成技法，其构筑方式在长期的试验过程中逐渐稳定，并伴随文化交流范围的扩大，砖石结构、土结构与木结构之间相互补益，在不同的历史时期形成了不同的地域风貌。

1. 密径笆子，类似“编笆墙”，亦称为木骨泥墙或挑土墙，做法是在木构架上加密支柱和水平撑挡，用树枝条、红柳、芦苇束在构架上编成笆子然后抹泥而成（图2-51）。这种做法最早发现于陕西岐山的西周遗址，后在尼雅聚落遗址中发现了2000多年前的土台构筑物，遗址以木柱和横向支梁联成框架，填以树木枝干、芦苇或秸秆和以泥土构成的建筑围护体。

2. 泥石混合，新疆最早的生土民居与石块垒砌有着天然的联系，这样的搭建模式在新疆传承了上千年，通常为土坯砌筑墙体上部，用大块鹅卵石垫筑下部。石垒屋是泥石混合建筑的特有形式，所选用的石材通常为卵石、毛石、块石，做法以石块垒成墙圈，上架简易棚顶或覆以泥土防漏，是古老营建方式的现代尝试。

3. 夯筑混合，即夯土砌筑和土坯的混合使用，构成了南疆地区乡土建筑施工技术的独特语言（图2-50）。夯筑的施工简单、平面灵活，是进行分层建造的基本方式，大多数情况下，夯筑采用地下挖掘的原土，亦为素土。夯筑实体墙在新疆民间俗称“干打垒”，亦称为“垛泥式”，夯筑墙体下厚上薄且坚固耐用，通常较大的土工建筑都是夯筑施工，并且经考古发现，尼雅古城中有相当数量的城墙是采用“垛泥式”完成的。

图2-50　生土民居建筑外墙结构
（图片来源：作者拍摄）

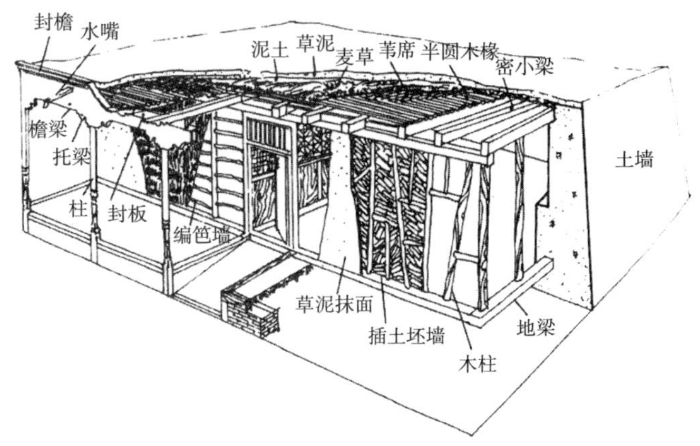

图2-51　生土民居建筑建造施工技法
（图片来源：《新疆民居》，陈震东，北京：中国建筑工业出版社）

4. 土坯砌筑，是新疆少数民族地区传统建筑中极为常见的砌筑方式，从人类建筑史学上看，距今约四千年前，两河流域就开始大量使用土坯，可见应用历史悠久。土坯砌筑一般采用天然或人工干燥的土坯砖并施以泥浆砌作，目前，在黏土资源丰富及地基干燥的村镇仍大量应用，如喀什地区。土坯的砌法也极为丰富，有顺砌、丁砌和侧砌等，但由于防水性差，因而仅适宜用来砌筑墙体。

第三章

和田河流域传统村镇聚落形态的历史演进

第一节　两汉至元：西域古聚落的萌芽时期

一、西域古聚落的起源

西域古聚落发展历史悠久，根据考古资料显示，最早发现的是始于新石器时代的原始聚落遗址，如于田巴什康苏拉克遗址、疏附县的乌帕尔遗址、阿克苏的喀拉玉尔衮遗址、孔雀河三角洲地带的罗布泊遗址、巴楚遗址、且末遗址等。原始聚落大多分布在塔里木盆地周围，并选址于山前河流高阶地上，利于取水与防洪。就目前已发现的考古遗址表明，古聚落自新石器时代起就已经出现了原始农业，但仅以采集、狩猎为主要生产活动，且相邻的古城遗址往往保持着相似的空间格局。纵观西域古聚落历史发展演变的全过程，可将其划分为四个主要的历史阶段。

（一）史前时期——西域古聚落的萌芽阶段

史前时期是和田河流域传统村镇聚落以及多民族聚居格局形成的初期阶段，据考古资料研究表明，到目前为止新疆尚未发现旧石器时代的人类活动遗址，但早自新石器时代起，便有多人种共同生活的痕迹。例如2015年6月发现位于尼勒克县恰勒格尔村的吉仁台沟口遗址（图3-1），是一座距今3500～3200年的青铜时代古聚落遗址，也是新疆首次发现的大规模青铜时代遗址。通过考古发现，证明在青铜时代这里的人类已开始进行青铜冶炼和铸造（图3-2），考古人员在遗址中发现了3块形状不规则的铁块，这是新疆冶炼铁的最早发现。此外遗址内发现了我国最早使用煤的遗迹，表明早在距今约3500年前左右，人类已经懂得开采并使用天然矿物燃料，用于从事生产加工与日常生活，此次发掘也将目前已知人类使用煤炭资源的时间上溯了约1000多年。2016年7月初，考

图3-1　尼勒克县恰勒格尔村的吉仁台沟口遗址
（图片来源：中华网）

图3-2　尼勒克县恰勒格尔村的吉仁台沟口遗址铁器
（图片来源：中华网）

古专家在对该遗址的二次发掘中，又陆续发现了2处房址和一座灰坑①，这座距今约3500年左右的西域古聚落遗址正逐渐露出真容。

此外还有2015年3月发现的莎车县兰干遗址（图3-3），目前初步断定是新疆迄今发现的最早的古城，并且将新疆人类聚居痕迹考古从汉代提前至了新石器时代，对研究新疆古城遗址具有很高的价值。兰干遗址位于新疆喀什地区莎车县喀群乡恰木萨勒村兰干自然村东北约2.4公里的叶尔羌河北岸，遗址以古城为中心，分城内、城外、沟北、沟南四个部分，规模宏大，气势雄伟，古城最长处约200米，城内面积约1万平方米，外包卵石的城墙全长约140米。遗址内的建筑遗址可见明显的夯土木结构，构造简单，通常为单一居室，一般由厅、室组成（图3-4）。此外古城遗址内还采集到了大量的农耕石器，如马鞍形石磨盘、打制石器和穿孔石器、砍砸器、石镰、石斧等，古城内外还发现了水渠遗址与建筑墙绘，可见早自新石器时代起，新疆就开始出现了原始农业，并多集中于自然河流的中上游，所形成的古老的绿洲带成了古民族生存、角逐之地，并展现出了极为丰富的绿洲人居生活情趣。

---

① 灰坑，考古学术语，是古代人类留下的遗迹之一，其中包含物较之建筑遗迹、墓葬都更为丰富，包含了很多当时在此生活的人们有意或无意留下的物品，如陶器、生活垃圾等。

图3-3　莎车县兰干古聚落遗址
（图片来源：天山网，新疆文物考古研究所文博馆员，艾涛）

图3-4　莎车县兰干古聚落遗址中的建筑遗址
（图片来源：天山网，新疆文物考古研究所文博馆员，艾涛）

史前时期是新疆多种族共居的奠基时期，也是西域古聚落发展的萌芽阶段，据约成书于战国时期（公元前403～前22年）的《山海经》和《穆天子传》可发现，早在战国时期昆仑山、赤水及新疆、青海一带便有人居活动的记载，并且周人的足迹便已穿越过昆仑山。此时欧罗巴人种、蒙古人种共同活动在塔里木盆地南北麓，原始聚落格局与当时的古人种分布、生产活动相适应，说明早在新石器时期至战国时期，就已经出现了原始农耕聚落的雏形。而历史上以土地为根本、以农业生产活动为基础的农耕聚落是最初的城邦形态，随着聚落结构的分化，一小部分原始农耕聚落转化为大型聚落，直至发展成为今天的城镇、城市的概念，而另一部分仍保留固有的特性延续发展，直至发展成为今天传统村落、村镇的概念。由此可见，原始农耕聚落的出现是人类社会文明的共同起点①。

（二）两汉时期——西域古聚落的成长阶段

秦末汉初时期，尽管中原地区早已结束了诸侯割据的局面，但西域一带仍保持着奴隶制度的社会形态，《汉书·西域传》中记载了匈奴属下诸国的游牧经

① 周若祁，张光．韩城村寨与党家村民居［M］．西安：陕西科学技术出版社，1999：33.

济形态，“西域诸国，大率土著有城郭田畜，与匈奴乌孙异俗，故皆役属匈奴。匈奴西边日逐王置僮什都尉，使领西域，常居焉耆、危须、尉犁间，赋税诸国，取富给焉”[①]，更保持着“西域诸国，各有君长，兵众分弱，无所统一，虽属匈奴，不相亲附”的政局，致使和田河流域一带长期处于奴隶制社会小国纷立的状态，这一社会形态决定了两汉时期该地区古聚落呈现出了以下几个特点。

1．民族聚居格局呈现出“小国林立，互不统属”的特点

“城郭诸国”[②]是汉代时期新疆绿洲聚落的主要表现形式，随着不断的相互征战与吞并，广袤的西域大地上，曾先后活跃着36个国，此时的城即为“国”，规模小、职能单一，多以防御为主，国与国、城与城之间没有隶属关系，等级相同且相互对立，诸国各称霸一方，并逐渐形成了多个以都城为中心的大型城邦。此时的城邦广泛分布着众多不同的民族成分，例如汉文帝三年（约公元前177年～前176年），塞人在西迁大月氏人的挤压和打击下，逐渐进入塔里木盆地；秦献公时期（公元前384年～前362年）羌人经由河湟一带经过阿尔金山口进入塔里木盆地南部地区，这一迁徙活动一直延续到东汉以后；随着匈奴的兴起与强大，导致了河西走廊地区一系列的民族迁徙活动，匈奴人逐渐成了西域的统治民族，北方的游牧民族政权长期对南疆定居格局保持着强烈的政治影响。

2．屯田聚落的形成改变了聚落职能

西汉统一西域后，鼓励汉民族大量西迁，中原对西域正式行使有效的军事政治管辖，并颁布了“设官屯田”政策，在塔里木盆地周边的重镇或交通要地设置了大小交织的屯田聚落，据《西域图志》记载，南疆八城“城村络绎，几于烟火相望”。东汉时期，于阗国发展成了兼具军事和生产双重职能的屯田聚落，于阗国东西城（今和田、洛浦县城附近）等地均具备了一定的军事职能和规模。两汉时期多民族、多政权更迭的军事政治政策也对南疆地区古聚落的形态、职能、布局、规模的发展产生了深远影响，并促进了经济结构、社会结

① 华锦木．维吾尔谚语镜折射出的维吾尔游牧文化与农耕文化[J]．中南民族大学学报（社科版），2010．6：57．

② 城郭诸国，古时谓西域筑城定居的国家，而此时的“国家”仅为几块绿洲或草原构成的地方政权，由王室贵族主宰，在绿洲农耕地区的叫“城郭诸国”。宋程大昌《北边备对・北狄无城郭》：“汉叙西域诸国有城郭国，有行国。城郭国则其筑城有守者也，行国则不立城郭而以马上为国者也。”

构、民族结构的转变，设官屯田政策对西域传统聚落结构特点的形成及当代发展均具有深远影响。

3. 呈现出多种文化并存的格局

丝绸之路的通衢，加剧了途径国家或部落之间的交往与联系，在其南北道沿线，许多小城邑、驿站、烽隧、水利、屯田相继出现。东汉初年后，西域诸国互相攻伐，逐渐兼并，使得部分大型城邦国都的地位得到巩固，逐步形成了中心城区或枢纽城镇，并为宗教、经济、文化、艺术的传播奠定了基础。随着丝绸之路的发展，东西方人员往来广泛，民族迁徙频繁，例如此时的于阗地区，除了塞克语外还流行以佉卢文为代表的“印度俗语”，随着中原汉族的大量移入，汉文也在城郭诸国中广泛流行，西域各民族在进一步吸收外来文化因子的基础上不断地进行文化整合，社会生活折射出了多种宗教及文化共融的局面，形成了以地域为特点的“城邦文化圈”特征。

（三）魏晋至全唐时期——西域古聚落的壮大阶段

魏晋时期，从三国鼎立到五胡16国的兴起，再到南北朝的对峙，中土长期处于分裂和战乱的局面，封建政权更替频繁无力西顾，导致此时中原制度的推行在西域影响甚微，仅在东部近中土地区略有波及，西域人居格局发展缓慢。在此期间，柔然、鲜卑、突厥等少数民族乘势相继称雄于大漠南北，皆对西域亦有染指，在此形势下，塔里木盆地边缘及天山南的城郭数量急剧减少，36国逐渐合为六大国，它们是天山以北的乌孙、车师国，天山以南的龟兹、于阗等。这些大国各霸一方，称雄一时，形成了以都城为中心、联络各国内部大小城镇的区域城邦型聚落体系。例如于闻国，都城方八九里，部内有“大城五，小城数十”，而除此六国之外的大量城郭诸国，在兼并的过程中，或因军政力量的不敌，或因经济和自然环境的变迁，最终逐步走向了衰亡，并由此导致了民族及聚落结构的变化。该时期古城的人居形态特征主要表现为，塔里木盆地南缘城郭减少，但规模增大，“城”的规模也逐渐升级，由军事防御向多职能中心转化，“城”的等级逐渐明确，各城郭之间的联系明显加强。

魏晋至隋时期丝绸之路得到了进一步的发展，促进了亚文化圈的形成，最为突出的是以佛教文化为主体的于阗文化圈和龟兹文化圈。不仅如此，鲜卑、柔然、高车、悦般、吐谷浑等新的民族成分的加入，使得城邦诸国之间民族融合更加频繁。隋开皇三年（583年），突厥语族诸部在西域的活动揭开了西域突厥化的历史进程，为和田河流域地区的回鹘化，以及多民族散杂居格局的形成奠定了基础。

进入全唐时期，中央政权统治重振西域，唐时西域疆土的扩大导致了古城分布范围的扩大，唐初之时仅高昌地区城镇已达27座，故在全唐时期新疆南疆一带范围内的古城数远超过27座。此外，唐政府在西域设有完备的军事等级机制，并前后设置最高军政机构安西都护府于龟兹、高昌、于闻、疏勒、碎叶，同时细分了军、镇、城、守捉、戍堡、驿等等级机构。随着葛逻禄①、样磨等异姓突厥诸部开始进入塔里木盆地南缘，西域开始了又一次民族大迁徙的过程，这一过程确定了西域新的统治民族——回鹘，从此西域的民族关系分布、古城聚居格局发生了重大变化。

（四）宋至元朝时期——西域古聚落的稳定发展阶段

宋至元朝时期，天山南北原城邦诸国、各游牧政权重新组合，游牧聚居开始向农业、半农业定居过渡，畜牧业、手工业以及半农半牧的农耕灌溉工程发展迅速，直至元朝末年“平地颇多，以桑为务”②已成了当时回鹘人的主要生活生产方式。

随着中心职能城镇的概念形成，城邦的规模不断扩大，宋、辽、金时期，回鹘成为西域的统治民族。西域诸政权经过重新整合，形成了高昌回鹘王朝（其北面为辽朝领地）、于阗王国、喀喇汗王朝三足鼎立之局面，城镇发展重点西移，和阗（于阗王朝国都）和喀什噶尔（喀拉汗王国都之一）成了当时最重要的绿洲城镇，中心绿洲城镇的经济职能在该时期充分发挥，聚落等级体系初

---

① 葛逻禄：亦称葛罗禄、卡尔鲁克等，是6～13世纪中亚的一个操突厥语的游牧部落，是铁勒人诸部之一。

② 尹伟强，古代维吾尔族经济文化类型的演变[J]．新疆社科论坛，2007（5）：89.

步形成。由此可见，在古代西域，从原始聚落到中心聚落，再到城邦的演化，是任何一个时期人居格局发展的常规途径。

在宗教文化发展方面，随着喀喇汗王朝的大批突厥语游牧民定居西域绿洲，由于喀喇汗朝定伊斯兰教为其国教，因此开始了突厥语[①]诸部族以及城邦聚落伊斯兰化的过程。除伊斯兰教外，这一时期各国文化呈现出多种宗教、多种语言文字并存的特点，如祆教、景教、佛教等，公元13世纪，大批蒙古人进入西域，西域进入了蒙古人统治的历史时期。公元13世纪末期，随着陆上丝绸之路被海上商路所逐渐取代，加之气候生态环境的自然演变，致使丝绸之路沿线的一些古城萎缩或消失，但聚落格局依旧按照丝路走向展布。这一时期的古聚落形态特征主要表现为：城邦聚落的数量逐渐增加，规模扩大，仍以南疆和东疆居多；城邦聚落的职能向政治中心、经济中心及宗教中心转变；城邦聚落的体系和类型逐渐完善，商业和文化交流更趋繁荣；西域人居格局发生着剧烈的变革，后蒙古人及蒙古文化逐渐被当地民族同化，为本土聚落格局增添了新内容。

二、丝绸之路与西域古聚落的变迁

影响西域古聚落形成和变迁的因素复杂多样，不同时期的因素和程度也有所不同，总体可归结为以下几方面。

（一）自然生态因素

和田河流域地区所处的塔里木盆地地带，是我国最大的极干旱内陆盆地区域，依据历史时期绿洲聚落的迁徙轨迹可以看出，古聚落通常环绕盆地展布，沿天山山脉山前盘踞，呈珠串状毗邻，并在塔里木河、和田河、叶尔羌河等流域的中下游冲积平原延伸成带状。

---

① 突厥语是由关系密切的诸语言组成的语族，属阿尔泰语系，当今的突厥语民族在不同程度上与相应的古代突厥语各部在族源、语言、文化上有着某种历史联系。

这一区域早期的人类活动主要集中在由自然水源下游灌溉而成的盆地绿洲地区，当时的人类活动机械且被动地顺应自然、依赖水源，与生态环境保持着原始协调，人们过着水草尽即移、居无所定的生活。西汉时期，冶铁及铁质工具的兴起为盆地周边绿洲聚落的发展创造了条件，人类活动逐渐扩展至河流中上游绿洲，然而由于不合理的引水与过度放牧，最终导致水源枯竭、绿洲生态失衡，大量西域古城古绿洲消亡（图3-5）。具考古资料表明，在沿塔里木盆地南麓消亡的29座古绿洲聚落中，有21座是由于自然河流的断流或改道造成的，例如繁极一时的古楼兰国，据《后汉书·西域传》记载，汉昭帝时因楼兰城“最在东垂，乏水草”，古孔雀河主流与塔里木河汇而南流，城郭周围没有稳定的灌溉水源，随将楼兰王都迁至鄯善，并大举屯田移民。再例如位于和田县大河沿乡的圆沙古城，地处塔克拉玛干沙漠腹地，发现时几乎全被沙丘覆盖，具卫星照片显示，圆沙古城位于曾是克里雅河的一个古老三角洲，克里雅河发源于昆仑山中段，从南向北流入塔克拉玛干沙漠，这条河流在出昆仑山的山口处滋润了现在的于田县绿洲，但最终在沙漠深入约200公里处消失在茫茫沙漠中。而克里雅河在古代就如同现在的和田河，从南到北贯穿沙漠，但最后一次注入塔里木河大约在1000年前，河流沿岸的三角洲和老河道完全沙化，故可推断，圆沙人生活的那个时代正处于克里雅河三角洲及河道的沙化时期，也因河流的消亡导致了沙进人退，人进城移。此外，专家们还推测安迪尔古城和丹丹乌里克古城的灭亡均与环境恶化也有关。

安迪尔古城（图3-6）亦称唐兰城，属汉、晋时代的古代遗址，为尼雅的姊妹城，是丝绸之路南道一处重要的驿站，也是汉、唐时代的重要遗址。它位于民丰县安迪尔牧场东南约27公里的沙漠腹地，距离和田市500公里，在安迪尔河下游东南。古城遗址整体呈圆形，城内直径约200米，内可见到佛塔、寺院、城墙、庙宇、房屋、蓄水池、冶炼作坊等建筑遗址，城内建筑密集，但都残损。遗址内曾采集到了大量陶器、玉制品、棉织物、金属制品，以及从西亚输入的玻璃珠、公元1～4世纪罗马产的带花玻璃片、和田马钱等文物。初步推测安迪尔古城应该于公元11世纪，也就是唐代中期因为安迪尔河流量减小逐渐被废弃。

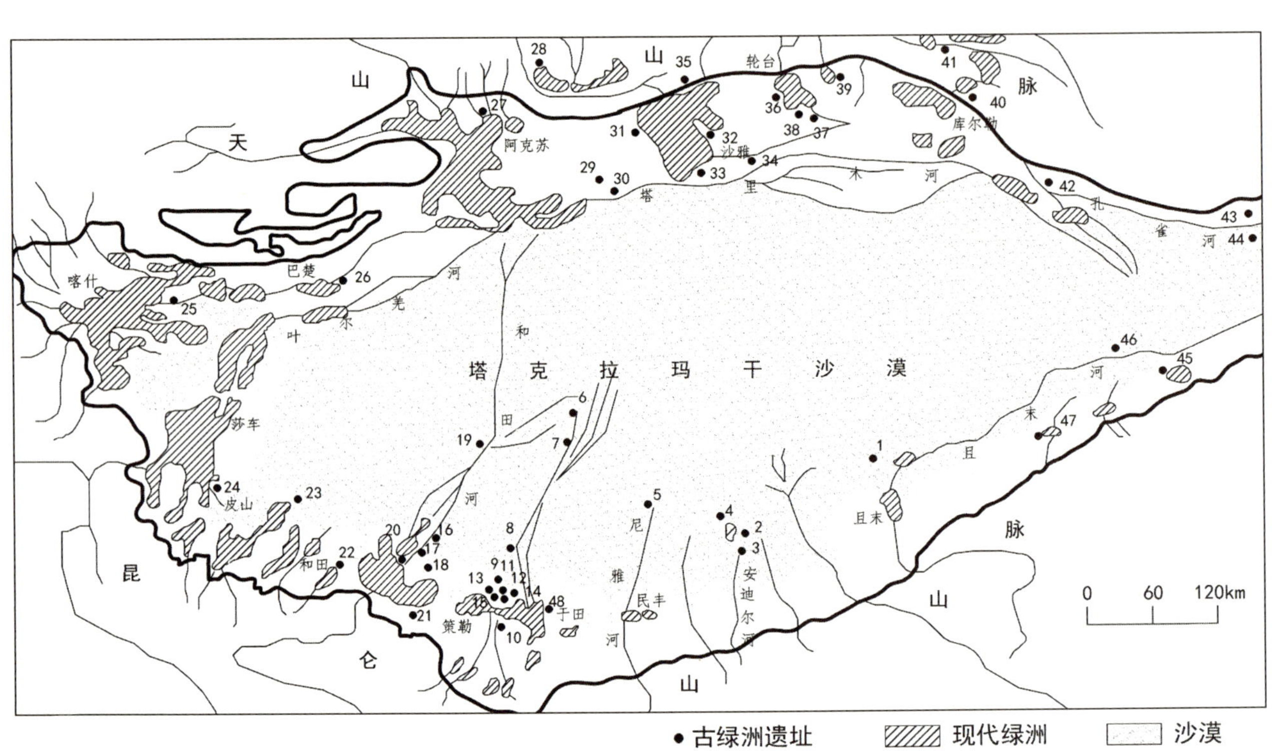

序号	遗址名称	序号	遗址名称	序号	遗址名称	序号	遗址名称
1.	古且末	13.	美六杂提遗址	25.	达曼城	37.	着果
2.	安迪尔古城	14.	特特尔格拉木	26.	托乎沙赖	38.	克尤克沁
3.	铁英古城	15.	老达玛沟遗址	27.	喀拉玉尔滚	39.	野云沟
4.	达乌孜勒克古城	16.	热瓦克遗址	28.	喀拉姑洗	40.	紫泥泉子
5.	尼雅古城	17.	布盖威力克遗址	29.	大望库木	41.	哈拉木登
6.	喀拉墩古城	18.	阿克斯比尔古城	30.	通古孜巴什	42.	营盘
7.	乌坚里克遗址	19.	麻扎塔格古城	31.	羊达克沁	43.	楼兰
8.	丹丹乌里克遗址	20.	约特干	32.	羊达克萨尔	44.	罗布庄
9.	力清阿特麻扎	21.	买力克阿瓦提	33.	穷萨尔	45.	瓦石峡古城
10.	哈德里克	22.	藏桂遗址	34.	干什加提	46.	土垠
11.	马曾塔提	23.	古皮山遗址	35.	皮加克	47.	米兰
12.	卡纳沁遗址	24.	拉一普遗址	36.	黑太沁	48.	拜什托格拉克古城

图3-5 南疆地区古绿洲遗址与现代绿洲分布
（图片来源：作者绘）

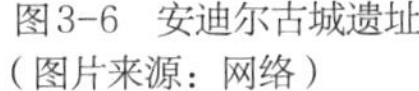

图3-6　安迪尔古城遗址
（图片来源：网络）

图3-7　丹丹乌里克古城遗址
（图片来源：网络）

丹丹乌里克古城（图3-7）位于策勒县达玛沟乡北90公里，系唐代重要的佛教古聚落遗址，目前已基本被沙漠覆盖。据1997年考古勘查显示，暴露在沙丘地表的古聚落遗迹，散布在南北长约12公里、东西宽约3公里的范围内，遗址偏南处约2平方公里内，可见到圆形城堡、民居、寺庙等在内的20处建筑群废墟，它们与古灌溉渠道、果园、田地一起构成了结构完整的聚落遗址。遗址内的公共建筑遗迹以佛寺居多，平面多呈“回”形，中央土台塑有佛像，土台四周围回廊，在回廊的墙壁上绘有大量精美的壁画（图3-8），以及菩萨、小千佛等形象的雕塑。遗址内的普通民用建筑多为木柱苇墙的居室，与尼雅古城遗址的建筑形态有着极为相似之处。据考证，丹丹乌里克古城位于一沙山环绕的狭长地带，干涸的古河道自南向北贯穿而过，遗迹沿河分布，四周有强劲的沙漠风和沙丘流动，由此可以断定，丹丹乌里克古城的消失与恶劣的自然环境以及河流逐渐枯竭有着密切的关系。

（二）军事政治与民族迁徙因素

历史上的新疆由于频繁的人种迁徙导致民族战乱割据频发，致使和田河流域地区长时间保持着“小国林立，互不统属”的民族聚居格局。西汉统一西域后对西域正式行使有效的军事政治管辖，汉民大量西迁，并颁布了“设官屯田”

图3-8 丹丹乌里克古城内的佛教壁画
（图片来源：网络）

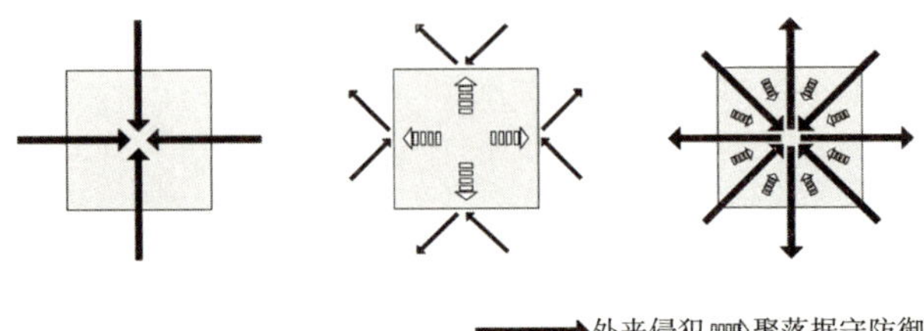

图3-9 屯田聚落防御格局
（图片来源：《传统堡寨聚落研究——兼以秦晋地区为例》王绚，南京：东南大学出版社）

的政策，目的是除“护田积谷”等军事职能外，最重要的是保护丝绸之路的畅通，因此当时不仅在塔里木盆地周边的重镇或交通要道设置了大小交织的屯田聚落，并在丝路沿线的战略要地安置了大量军屯。譬如西汉时期的丝绸之路南道屯田有：于阗，三十六国丝绸之路南道大国，汉匈争夺的战略要地；精绝，塔克拉玛干南缘，丝绸之路上的重镇；伊循（今若羌县境），丝绸之路的交通要冲等。曾有学者这样表述：“兴屯垦，西域安定，丝路畅通；而废屯垦，边疆往往陷于混乱，丝路断绝”①。当时的屯田聚落多以行使军政职能为主，聚落的格局多呈“外围线性设防式”及“局部点式设防式”（图3-9），聚落内部常见高厚坚实的堡墙、角楼、壕沟、水渠等，后又逐渐演变成为具有基础防御性的民间村落。

东汉至魏晋南北朝时期，诸国各称霸一方，逐渐形成了多个以都城为中心的城镇聚落。唐代以后，样磨、葛罗禄等异姓突厥诸部进入塔里木盆地南缘于阗王国和喀拉汗王国成了绿洲城镇聚落重地，在定居民族和游牧、土著及外来民族的共同经营下，西域的汉唐古聚落具有民族复杂、更替频繁的特点，多民族的迁徙，对西域地区政治、经济、文化的发展有着巨大的促进作用。清朝在新疆建省后，和田河流域地区民族种类、人口数量达到历史鼎盛。由此可见，在多民族流通、多政权更迭的军事因素影响下，和田河流域一带的古聚落经历了由塔里木盆地东部向西南部演化的历程，对聚落功能、形态、规模、布局的

① 邵敏灵．中国历史上的西部开发［J］．江西社会科学，2001，9：47．

发展影响深远，同时形成了“大杂居、小聚居”的少数民族聚居雏形，为促进多民族聚居及文化融合奠定了基础。

（三）经济文化因素

西域经济文化多元化与交融性相统一是由多种因素决定的，古聚落的演化及发展与和田河流域地区经济文化因素有着密切的关系。从经济形态看，和田河所在的南疆绿洲在形成时期就呈现出以农业文明为主的多元特色，历史上天山以南的“城郭之国”就是这种经济文化特色的证明。而始于汉、唐两代的大规模屯田，为维持古聚落生存、带动经济生产、促进区域壮大产生了重大影响，也为新疆少数民族地区的发展注入了丰富的多元文化内涵，为文化在差异中交流与整合创造了条件。主要表现在以下几方面。

1．先进生产技术的传入促进了多元经济文化的发展

随着屯田范围的扩展，屯田士卒带来的内地农耕技术和水利灌溉技术在西域广泛传播，加快了西域各地尤其是南疆一带农业生产的发展。同时，铁器和冶铁技术的传入，改变了西域原有铁器品种数量少和冶铁技术质量低的状况，使更大面积的农田耕作成为可能，例如从楼兰（图3-10、图3-11）、焉耆、轮

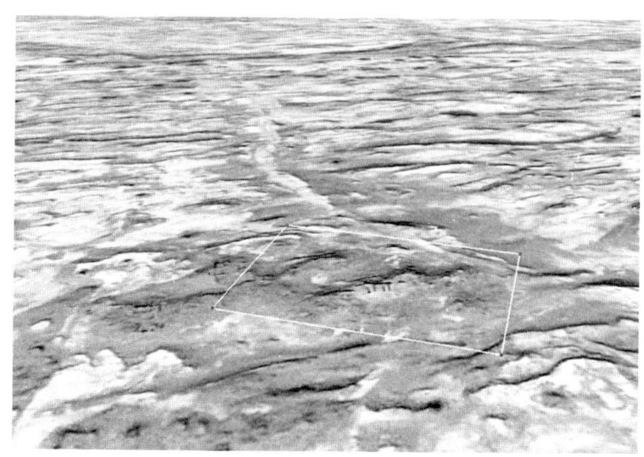

图3-10　楼兰古城三间房（城中屯田官署所在地）卫星图
（图片来源：罗布泊，上帝之眼论坛）

图3-11　楼兰古城遗址历史图片
（图片来源：网络）

台、库车、渠犁、若羌等地的汉代屯田聚落遗迹中可以看出那时修建的大型田埂、沟渠的历史痕迹，可以想象到它们无疑是当时绿洲上最灿烂的人文聚落景观之一。

每一种文化都是人类为适应特定的地理环境而在长期的生产、生活实践中创造出来的，和田河流域的绿洲文化主要来自于那里众多农耕民族的智慧结晶。屯田带来内地生产工具和生产技术，并没有改变绿洲文化的多元化特点，而是增加了多元文化的结构内容，借鉴和吸收了汉文化的优秀成分，进而为促进绿洲多元文化发展增添了新的内容，促进西域社会生产力发挥重要功能，也为丰富相对独立的绿洲聚落文明发挥了重要作用。

2. 丝绸之路带动了多元经济文化的繁荣

经济文化的交融性是以多元性为前提的，而古时中原文化与西域文化的加剧渗透和交融，绝大部分以西域屯垦及其丝绸之路为载体。“丝绸之路”①是我国古代早期社会经济开放与交融的象征，其东起于西汉的首都长安（今西安）或东汉的首都洛阳，经陇西或固原西行至金城（今兰州），然后穿过河西走廊的武威、张掖、酒泉、敦煌四郡，出玉门关或阳关，穿过白龙堆到新疆境内的楼兰，由此分为南道、北道、中道，分别通往欧洲、西亚等地（图3-12）。

两汉早期新疆境内的丝绸之路只有南北两道，因而早期的古城分布多沿南北两道的走向排列，越接近早期交通线路，古聚落的年代亦相应要早。南道即位于塔里木盆地南缘，其走向从沙漠中向外推出50～100公里不等，远的达200公里。丝绸之路在漫长的历史发展进程中，在新疆形成了众多商业文化通道（图3-13），中原的农耕生产工具以及生产技术相继沿丝绸之路传入南疆地区，如蚕丝、缫丝技术，瓷器、漆器工艺等，葡萄、西瓜、苜蓿、胡麻、核桃、石榴等农产品，以及骆驼、名马、毛皮、毛织品等畜产品加速流向中原，带动了沿线社会经济和居民点的建设与发展，形成一系列村镇和驿站，关内外各地社

---

① “丝绸之路”是指起始于古代中国，连接亚洲、非洲和欧洲的古代路上商业贸易路线。狭义的丝绸之路一般指陆上丝绸之路。广义上讲又分为陆上丝绸之路和海上丝绸之路。陆上丝绸之路是连接中国腹地与欧洲诸地的陆上商业贸易通道，形成于公元前2世纪与公元1世纪间，直至16世纪仍保留使用，汉武帝派张骞出使西域形成其基本干道。

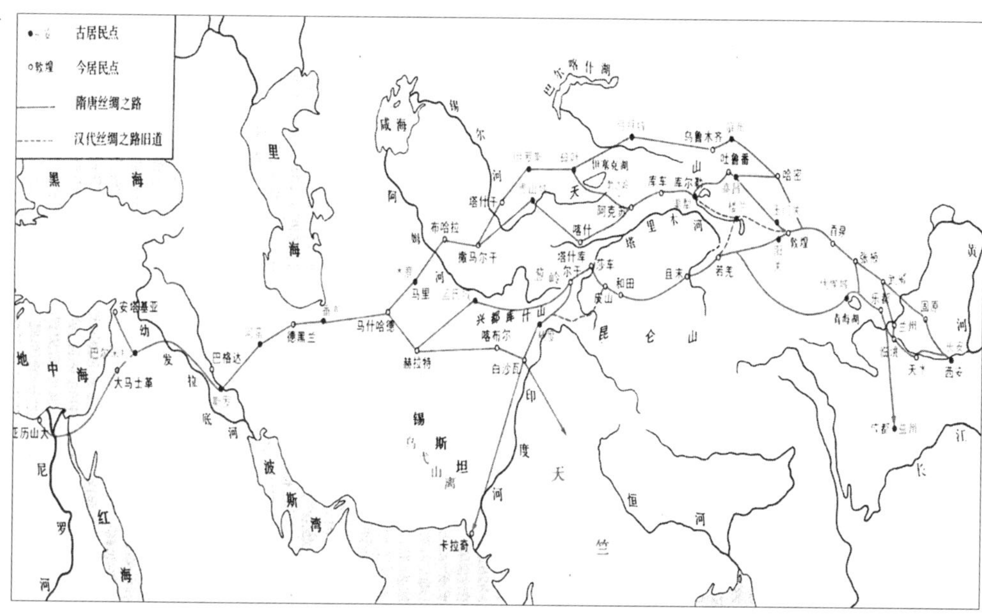

图3-12　楼兰古城遗址历史图片
（图片来源：网络）

图3-13　敦煌壁画中的丝绸之路商旅图
（图片来源：网络）

会经济的交融促进了沿线聚落的繁荣，南道古聚落遗址的分布也因交通线、商业线的更替发生着变迁。虽然在公元13世纪后期，随着海上丝绸之路的兴起，海上丝绸之路逐渐取代了路上丝绸之路的重要商业地位，经济格局的转变导致丝绸之路沿线的一些城镇萎缩或消失，历史上古丝路沿线的70多个古聚落中绝大多数也早已不复存在，但纵观和田河流域传统村镇聚落的演进历程，其发展与古丝绸之路的确有着密不可分的联系。

三、萌芽时期的聚落空间形态特征

和田河流域传统村镇聚落的萌芽时期，是少数民族原始聚落诞生的胚胎原形，也是原始聚落的生长空间。这个时期聚落的概念并不成熟，一栋建筑或零星分布的建筑组群便成了联系绿洲人居关系结构的纽带。

（一）中心扩散

萌芽时期的和田河流域传统村镇聚落在空间形态上呈现出簇群围绕中心生长点，向四周扩散、蔓延的特征。中心生长点通常是宗教性建筑或构筑物，如庙宇、佛塔等。同时由于生长作用力受地形限制较小，促使和吸引着更多的建筑单体、小型聚落围绕其中心生长。

这一时期的居民群体意识较强，人们的人生价值观、家庭意识充分体现在聚落的营建体系中，例如围绕中心建筑而形成的中心建筑子群、居住建筑子群等，这种情况是人们在生产力条件低下的情况下所能够做出的最大效益的选择，绿洲人居社会群体性也由此诞生。

1．中心建筑子群

围绕中心建筑产生的聚居现象，被称之为公共栖居，多出现在传统聚落诞生的原始阶段（图3-14）。中心建筑在聚落的形成过程中更像是一种非具象的组织关系，聚落中的人们拥有共同的价值观、生态观、人居伦理观，并通过宗教、宗族模式将观念与关系网络并行在同一聚居空间中，以促进社交活动的发生。中心建筑又是一种具象的物质形态，例如体量要超出正常民居建筑尺寸，通常为聚落空间中的制高点，中心建筑的建筑密度要小于周边民居建筑，通常为单体建筑或建筑群组等，中心建筑子群对聚落及聚居关系也产生着重大的影响。

图3-14　龟兹古城遗址，民用建筑围绕佛塔布局
（图片来源：网络）

2．民居建筑子群

民居建筑子群是构成原始聚落及人类聚居的主体，以民居建筑为主体，围绕中心建筑子群形成簇拥状布局，常见于西域大型城邦中。以米兰古城为例，米兰古城为鄯善国都伊循城所在，古城作不规则方形，周长308米，城墙夯筑，厚6～9米，四隅都有突出的墩台，北、东、西三面城墙见马面，西墙北段、南墙西段尚存缺口，为古代门道。南墙外突出一小城，高9米。古城的东、北部分布了大量房屋断垣，据考证为古城重要的民用聚居区，部分房屋半穴入地下，有较大的古代屯田痕迹，灌溉渠系纵横，布局合理。据考古发现，民居建筑子群分布的东、北部，通常不受地理条件限制，但却与自然地理条件保持着高度的契合，例如民居建筑子群的生长点在不同方向的外力引导作用下呈现出主次分明的空间形式，并在空间上与中心建筑子群保持着高度的密切关系，例如古戍堡①和东大寺等。但由于当时的人口分布密度较小，民居建筑子

① 古戍堡，典型的军事防御型建筑，军事屯戍设施。

群中多有大面积的留白（图3-15），这些空地即是街道和子群中的开敞空间，也是子群空间转折的视线通廊，在传统的自然生态格局下诞生，丰富了聚落与环境的景观空间层次。

（二）自相似

自相似是几何图形中的概念，一般可以理解为，在同一物体中呈现出的一种图案化的几何形态特征，即：自相似的物体是近乎或确实和它的一部分相似，不同的规模层次具有相似的形态特征。将这一特性引入和田河流域传统村镇聚落的分析中可发现，不同的聚落层次、聚居规模，总有某种要素原型作为母题重复出现，如果一个物体自我相似，便促使着各聚落之间具有相似的结构和构成特征，小到构筑物、民居单体建筑，大到建筑群、街巷、街巷群。

在自相似性的影响下，聚落与聚落之间、聚落与内部建筑群及建筑单体之间在空间形态上亦相互渗透。在区域特征上，除受自然条件、历史人文背景的影响外，皆具有自相似特征，从而导致聚落或建筑群的边缘具有模糊性和不确定性。

图3-15　米兰古城遗址，民居建筑子群中的留白
（图片来源：网络）

第二节 明、清至民国：近代聚落发展的成熟时期

一、多元民族格局聚居的统一格局

（一）明清时期——多民族聚居格局定型

明清两代是新疆多元民族格局确立以及近代聚落壮大的时期，明代时期推出了一系列的民族同化政策，使得新疆的多民族文化格局出现了一段时间的颓势。明末清初，新疆一带的少数民族格局动荡，流寇猖乱，回民起义蜂起，组织乡兵据守村域的地方武力大量发生。当时大量清真寺成为反封建政权的军事组织机构以及武器制造基地，因此激起了政权采取大规模毁寺灭教的行为，伊斯兰教派民族进入了一个前所未有的低潮时期[①]。15至16世纪，当时的南疆地区一带正处在察合台后裔各据一方的状态，但时下已趋于衰落，民间司法职能逐渐丧失。

白帐汗国[②]分裂后，未迁徙的游牧居民南下河中地区，与当地的农耕民族杂居在一起，逐渐形成了乌孜别克族，清初柯尔克孜族分布在浩罕汗国以东、伊犁西南、喀什噶尔西北、伊塞克河周围，帕米尔和喀喇昆仑山一带的广大地区，近代以后零散地分布于今柯孜勒苏柯尔克孜自治州、乌什、喀什、和田、塔什库尔干及北疆的伊犁、塔城等地区。在察合台系、术赤系蒙古走向分化的过程中，另一支蒙古即西蒙古厄鲁特[③]（清代又称为卫拉特）崛起，在17世纪初形成杜尔伯特、和硕特、准噶尔和土尔扈特四部。准噶尔部强大以后，统一天山南北，南疆地区一带也沦为了准噶尔部的附庸。17世纪后半叶，随着准噶尔

---

① 苏雪、刘锦．中国清真寺社会功能的历史演变[J]．河北经贸大学学报（综合版），2009，9：6-14．

② 白帐汗国居住在广袤的哈萨克草原，居民主要是突厥语族部落，白帐汗国境内主要是操突厥语的古代哈萨克部落和部族叩钦察，康里，乌孙，扎束亦儿，阿里钦，葛逻禄，乃曼，克烈，阿尔根，弘吉剌惕，哈拉喀萨克等．也有少数的其他民族部落。

③ 厄鲁特是中国清代对西部蒙古的称呼，是分布于中国西北地区以畜牧业为主的游牧民族，采用回鹘式蒙古文字，清代称其为卫拉特。

统治势力的扩大，沙俄对新疆的侵略活动加剧，于是清朝着手抵抗沙俄入侵，平定准部的分裂势力，并于清乾隆二十四年（1759年）终于完成了统一新疆大业。1762年10月，清朝设伊犁将军，管辖除阿尔泰地区以外的今新疆其他地区，包括其管辖的塔尔巴哈台、伊犁、喀什噶尔、英吉沙尔、叶尔羌、和田、阿克苏，乌什、库车、喀喇沙尔、吐鲁番、哈密、乌鲁木齐、库尔喀喇乌苏、孚远城、巴里坤等地区。乾隆三十六年（1771年），远徙伏尔加河流域的土尔扈特蒙古①东归，清政府分别将他们安置在和布克赛尔、库尔喀拉乌苏（今乌苏市）、精河等地，与他们一同东返的和硕特蒙古②则被安置在博斯腾湖畔。这样厄鲁特、土尔扈特、和硕特和察哈尔蒙古构成了新疆蒙古族的主要成分。

其后由于屯田的发展及治理的需要，大量的汉族、满族、锡伯族、达斡尔族、蒙古族等民族纷纷迁入新疆南北疆，以维吾尔族为主体的统一多民族分布格局开始定型，并随着少数民族政治、经济、文化、语言的交融与发展，促成了近代意义上以维吾尔族为主体多民族并存的局面。

（二）近代时期——民族聚落发展与壮大

明朝自1369年建立之后一直没有完全的统一西域，西域的各个民族与明朝保持着朝贡关系，所以当时并无经营西域的明显记载 只是在明初时期向全国推行了卫所制度，并在河西地区利用戍守的军队及内徙的哈密部众进行了小范围的屯垦活动③。18世纪中期清朝统一新疆后，新疆实行军府制统治制度，军政大权由满族官员独揽，在新疆各个少数民族中，分别实行伯克制、札萨克制、八旗制统治制度④，这时的新疆各个少数民族的上层首领很少能有人在清朝政府设在新疆的各级军政机构中任职，当然也没有人能参与全疆性的重大政务活动，中原政权对新疆穆斯林民族实行了严格管制。但自光绪十年（1884年）新疆设

① 土尔扈特部落是瓦剌蒙古族的一部分，是瓦剌的核心部落之一。

② 和硕特是卫拉特蒙古的重要一支，是元太祖成吉思汗的胞弟哈布图．哈撒尔（哈撒尔）的后裔，古时的和硕特部游牧民族分布在天山以北乌鲁木齐和塔尔巴哈台一带。

③ 马大正．新疆史鉴[M]．乌鲁木齐：新疆人民出版社，2006：363-432．

④ 齐清顺．近代新疆多民族分布格局的特点及其重要影响[J]．新疆社会科学，2006．6：54．

省后，在全疆推了行州、县统治制度，满族官员垄断新疆军政大权的局面逐渐被打破，特别是在1911年辛亥革命后，中国政治形势发生巨大变化，杨增新主政新疆时期强化了少数民族的政治影响力，使新疆各少数民族参与各级政府政务活动的机会明显较清朝末年有所增多。特别是在19世纪中期以后，由于国家战事战乱频发，汉族人口损失严重，造成了近代新疆汉族人口的增长一直比较缓慢，而在同时，新疆少数民族的人口总数却在迅速上升，特别是在新疆人口中居于首位的维吾尔族人口，1911年清朝灭亡前夕，在新疆的200余万人口中，维吾尔族有150万人左右[①]。此外，哈萨克、柯尔克孜、乌孜别克、塔吉克、俄罗斯、塔塔尔等族的人口都有不同程度的增加，使新疆少数民族人口总数不仅达到了前所未有的高水平，并由此加剧了抱团式穆斯林聚居区的形成。

当时的维吾尔、哈萨克、蒙古、柯尔克孜等民族多以散杂居的方式居住在依附于山体的农村或牧区，并且由于便于族内相互照应与宗教生活，清真寺的社会功能以及经济和教育功能应运而生。近代以前，清真寺的社会功能较弱、规模弱小，并多有赖于统治阶级资助，但至19世纪初期，新疆穆斯林民族的人数逐年剧增，自给自足的农业经济使他们开始有能力建造更多的清真寺，更有乐善好施的穆斯林地主出资修建。然而由于中央集权采取“片板不许下海”的闭关锁国政策，伊斯兰文化交流长期处于闭塞状态，面对“教道久灭，人心厌弃”的严峻现实，以经堂教育为主要形式的穆斯林宗教教育制度应运而生，南疆出现了一大批伊斯兰经文学院[②]，逐渐成为少数民族教育的主要形式，据资料记载，仅喀什地区当时就有大、中、小教经堂140余所，并借由宗教功能逐渐引导、辐射聚落格局的发展（图3-16）。

图3-16　喀什皇家经文学院
（图片来源：网络）

① 纪大椿．近世新疆人口问题的历史考察[M]．新疆经济开发史研究，乌鲁木齐：新疆人民出版社，1992：82.
② 经文学院又称教经堂，是培养宗教教职人员的地方。可作为祈祷场所、学堂以及协商和决策宗教事务的机构、培养宗教接班人的学校、调处民事纠纷的法庭，以及作为商品交换、珍宝储藏所等经济活动的集散地。

二、军需屯田对近代聚落发展的影响

（一）清朝时期屯田聚落的主要特征

清朝时期的屯垦是历代王朝中规模最大，也是最为成功的，其在新疆的屯垦可分为清前期和清后期两个重要阶段。清前期的屯垦从1716年开始到1840年结束，总共经历了124年，主要分布在3个地区24个区域。如东疆地区的巴里坤、哈密和吐鲁番；北疆地区的木垒、奇台、吉木萨尔、阜康、库尔喀喇乌苏、精河、伊犁、塔尔巴哈台和阿勒泰；南疆地区的喀喇沙尔、库车、乌什、巴尔楚克、喀什噶尔、和田等，可谓屯区遍布新疆南北。清前期的屯垦人数也是历代最多的，西汉有2万余人，东汉5千余人，唐朝鼎盛时期有5万余人，元朝共有五万七千余人，而清前期就有男女屯垦军民48万余人，远超过以往各朝代人数的总和①。

清前期是清代屯垦事业发展的高潮阶段，不仅兴办了军屯、民屯、犯屯，还增加了旗屯及回屯。

1. 旗屯，为满族聚居的聚落，屯民均为清朝时清军八旗兵员。依照清朝八旗制度，一个旗的一二百户为一屯村（牛录）②，也是一个作战单位和生产组织，通常聚屯村而居，为了便于防守，各村屯四周都筑有围墙，有的周长七、八里。每家围有矮墙，自成院落，墙体主要以生土材料建造。各屯村都以棋盘为道路构架，一般南北向道路有三四条，东西向的道路有十来条，路边都有渠系和树木，道路的宽度都能通行大车。每个屯村都有两个十字大街，凡与十字大街联通的道路可以通行两辆大车，从而形成宽窄不等的三级村落街巷布局。满营旗屯和绿营兵不同，因为允许携带家眷，故其劳动者是家属成员，每户用地三、四亩。为了保护屯村的安全，其外围都建有高大的城墙，墙高通常5至6米，宽约4米，墙上可供来回巡逻，墙顶外侧修建有女儿墙，并设有垛口。城墙

---

① 彭雨新．清代土地开垦史资料汇编[M]．武汉：武汉大学出版社，1992：591.

② 王希隆．清代新疆的驻防八旗与“旗屯”[J]．新疆社会科学，1987．6：22.

外的挖土坑经过整修，起着护城河的作用[①]。

2．回屯，指当地有组织的维吾尔族农民新垦区，准噶尔部在统治新疆时期也有类似的做法，例如从南疆迁移维吾尔人到伊犁屯垦，类似的垦荒活动有1718年清政府组织的哈密东塔勒纳沁屯田，1720年由额敏和卓组领的吐鲁番屯田，1760年的维吾尔人伊犁屯田，1761年开始的库车、阿克苏、喀什噶尔、乌什、叶尔羌屯田等[②]。回屯的村落不如旗屯那么规整，大部分随遇而安，依照习俗自行择地建宅，有的沿路渠一字排开，顺次建屋围院，有的靠路边一侧修路引渠，渠水均能引入宅院，渐渐成为新的村落，和田河流域的回屯每一个屯点构成一个维吾尔族聚落。位于尼勒克县赛普勒城（喀什回子）就保留有当年残存的城堡，南北宽340米，东西长320米，城墙高10.9米，厚10米[③]。

3．民屯，在众多屯垦聚落中，主要以民屯为主。军屯为民屯的诞生创造了条件，民屯使屯民变成了新疆固定的永久性居民，强化了西域领土及民族格局的统一。在处于古代西域战乱匪祸扰攘不安的大环境里，民屯的形态、功能、设防心理、择址要求、建造技术条件与精神文化观念，与军屯保持着相当的一致性，军屯有着制度化的营建规格与等级制式，体现官方行为的严谨，民屯则能很好地发挥民间的自由度，具有更为灵活的表现形式。然而需要指出的是，清前期的民屯聚落虽不似从原始农耕聚落到城市发展变化那般等级变化明显，但也并不是传统村落形态的简单复制，其演进过程也必然随着社会的发展，内部形态由无序变有序、建造技术由原始到成熟。因此随着屯田聚落边界规模的逐步扩大、聚落等级的渐次升高，具有防御综合功能的民屯聚落也随之得到发展，城防格局不断完善。

嘉庆初年，清廷在全国范围内下令推行了“令民筑堡御贼”的政策，目的在于完善民屯的乡勇体系，具体为，市镇乡村广筑土堡“饬近贼州县于大市镇处所劝民修筑土堡，环以深壕，其余散处村落酌量户口多寡，以一堡集居民三四万为率”；规范土堡组织形式“或十余村联为一堡，或数十村联为一堡，更

① 李群．新疆生土民居[M]．北京：中国建筑工业出版社，2014：98.
② 王希隆．清代新疆的回屯[J]．西北民族大学学报（社科版）1985．1：46.
③ 李群．新疆生土民居[M]．北京：中国建筑工业出版社，2014：99.

有山村偏远不能合并作堡者，即移入附近堡内，所有粮食牛豕什物一并收入”；建立土堡权力机制“每堡派文武干员二三人，绅耆数人，为之董率弹压”；其后又在此基础上施行了“坚壁清野法”①。在这样的举国政策之下，新疆民屯聚落的功能逐渐向军屯过渡，并且较此前的民屯聚落而言是规模更大、级别更高、更为复杂的系统，同时涉及政权、经济、文化、军事等多层次，民屯聚落与军屯聚落在功能、级别上的区别越发明显，并逐渐成为仅供农业或军事人口日常生活的聚居地。

清朝后期的屯垦是在前期基础之上的继续，从1840年开始，到1911年结束，总共经历了71年，可分为3个时期：发展期（1840～1864年）、大破坏时期（1864～1877年）、复兴期（1878～1911年）。清后期屯田有这样几个特点：自发移民增加，内地汉族和回族农民大量涌入新疆参加屯垦；乌鲁木齐成为全疆最大的屯垦基地和经济中心，巴里坤、奇台、吉木萨尔、昌吉、呼图壁、玛纳斯等北疆地区的民屯蓬勃发展，这些地区成为后来的汉文化区，南疆地区的屯垦事业逐渐衰落；新疆人口的增长可观，据1911年2月26日奏报，当时的新疆已有人口数位2,162,030人。

（二）伊斯兰文化特色的近代职能型聚落诞生

这一时期和田河流域传统村镇聚落的空间形态特征开始受到伊斯兰文化的深刻影响，发展成为具有浓郁伊斯兰文化特色的近代职能型聚落，主要有以下特点：

1．清真寺开始建立并占据了近代聚落的中心地位，并且地区各个等级的聚落都修建了大量规模不同的清真寺，清真寺一般位于聚落的繁华区，大多经过镶嵌细工，精巧装饰，甚至在小镇和村落里，也建有十分精巧的清真寺。例如

---

① 由合州刺史龚景瀚提出，坚壁清野也叫“空舍清野”，意为“加固防御工事，坚守营垒或据点，同时把据点外面的居民和各种物资全部运走、收藏，使入侵之敌无法就地补给、无法立足盘踞，”之意。《虎钤经·任势》：“敌有乘势而到者未可与战，坚壁清野，待之旷日持久。”《历代名将言行录》袁崇焕语：“坚壁清野以为体，乘间击瑕以为用。”坚壁：即砌高垒、挖深壕、修缮城防；清野：则为拆除城墙外若干里内的房屋、清割农田作物、如不能尽取即纵火焚之，以此进一步加强普通村落的军事防御功能。

图3-17　于田县的艾提卡尔大清真寺外观
（图片来源：亚新社区）

图3-18　于田县的艾提卡尔大清真寺室内
（图片来源：亚新社区）

位于于田县的艾提卡尔大清真寺（图3-17），建于1200年前，距今有800多年的历史，总面积13449平方米，其中寺内面积3066平方米，院内面积10439平方米。大清真寺共由11层以及153个大立柱建成，北大门门楼高24米，其中有三层房屋，屋顶有9个观望塔和一个圆形顶棚，建筑风格与阿图什苏丹沙图克博格热汗陵墓相同（图3-18），做工非常精巧，是和田河流域地区规模较大的宗教活动场所。于田县艾提卡尔大清真寺从始建到现在共有7次扩建维修，维修过程都保持了原貌，2003年政府对艾提卡尔大清真寺周围场地进行了绿化改造，总绿化面积1200平方米，种植了核桃树、石榴树等经济树种。

2．市集交易十分繁荣，商贸活动有力地促进了城镇的发展。市集交易每七日举行一次，被称为“巴扎”[①]（图3-19、图3-20）。在所有的商业型聚落中，叶尔羌（叶尔羌汗国的首府）在十七世纪初，即已成为著名的商业中心城市。十八世纪时，叶尔羌已经发展为西域最大的商业城市和对外贸易中心“叶尔羌城周十余里，有六门……规模宽敞，甲于回部，屈曲错杂，无有条里”[②]。

---

① 巴扎，是维吾尔族语，意为集市、农贸市场，它遍布新疆城乡，是维吾尔族商人长期从事商贸活动的场所。
② 参见：第二十编城建环保，喀什政府信息网，http：//www.kashi.gov.cn.

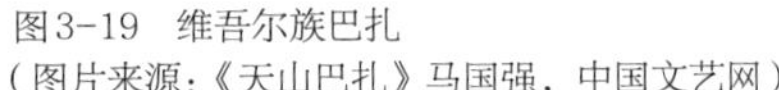

图3-19　维吾尔族巴扎
（图片来源：《天山巴扎》马国强，中国文艺网）

图3-20　于田巴扎
（图片来源：作者拍摄）

3. 清代城池往往一城二堡或三堡，在主城附近又建有“满城”、“回城”。从乾隆年间收复新疆以来，清朝不断抽调八旗军进驻新疆，又通过多种方式鼓励汉民移居新疆。而在清朝时期建立的聚落，大部分将汉人与八旗人的居住分开，在每个城市内，又分别建立了汉城和满城。这两个城市相临互相呼应，形成一个大的城镇。两个城池或者相连，共用一个城墙，例如巴里坤县的清代城池，汉城和满城东西相连，从外部观看两城就像一个完整的城池，城郭方正，四周各开城门。国民党统治时期，和田河流域传统村镇聚落的建设事业发展缓慢，其空间形态基本沿袭清末城池的模式，并形成“一城多堡”的新形态特征。城池中多数为屯垦、戍边而兴建，其政治和军事职能突出，因而城池的规划布局中官署、兵营、炮台、军械库、粮仓、鼓楼、总学堂等占据了重要地位。

4. 聚落结构多具有一次性构成的特性，从近代和田河流域传统村镇聚落的发展过程来看，由于新疆本身特殊的区位关系以及经济发展的不均衡性，导致了大多数聚落的构成过程相对较短，具有一次性建成的特点。这类聚落一般具有很强的军事性质和新兴的区域政治中心的功能。在靠近西北边界线一带，清朝中期，出于防范俄罗斯对我国领土侵略的需要，在喀什噶尔到阿勒泰一线，新设了许多有名的以军事功能为主的聚落，如著名的南疆八大城之一的乌恰等。

三、成熟时期的聚落空间形态

（一）带状生长

成熟时期的传统村镇聚落空间形态表现为聚落数量增多，组合形态进一步完善，聚落在用地面积、规模上逐步扩大并与环境进一步协调。建筑与聚落之间逐渐产生一种内在的联系，聚落空间和景观空间的层次更趋丰富化。新建建筑在原有建筑旁聚集，原有的单体建筑进一步扩建、加建而繁育至一定尺度和体量的组合体。依附河流流域所建的传统型聚落其初期形态多为块状，呈现出正方形或者长方形的大规模形态，有些聚落因地形之便，虽不规则，但其形状大体不超过块状的形态。当聚落的功能、规模扩大以后，聚落及建筑的布局基本上沿着河流上下纵向扩展，与环境特征保持一致，甚至跨越河流的两岸发展，这个时候的聚落形态基本上发展成条带状形态。

这个时期，受环境的轴向作用力影响，聚落的生长点之间在空间上也呈现出纵向分布，并根据作用力的情况分为沿街巷带状式和沿河道带状式两种，聚落的主要街道与河流平行，次要道路与其垂直。从时间的跨度上来讲，清代、民国时期和田河流域的大量职能型聚落，持续到今天多经历了一个由小块状发展成条带状的演变过程。

（二）层次化

聚落空间是多层次形态的叠加体，其主要具有以下三种层次关系：

1. 并列关系，随着晚清时期新疆少数民族聚居多元统一格局的形成，人口聚集，城邦功能完善，因此在地域空间格局上具有相同职能和相似规模的绿洲村镇、城镇型聚落大量出现，聚落与聚落之间形成了并列的关系。同时在聚落内部，由于聚落人口增加，聚落外围逐渐扩张，具有相同规模、等级的“原型”空间共同分布，如聚落的主要街道、主要巷道、主要集市等大量出现，街道与街道之间，巷道与巷道之间成为聚落空间中相同等级的并列子群，虽然各空间节点表现出相对的独立，但更多的是与聚落的只能协调，并保持相互平行关系。

2. 递进关系，这一时期，和田河流域传统村镇聚落空间出现了“等级子群”的关系，是指绿洲区域范围内的主导聚落与其他等级的聚落的从属关系，体现了聚落空间各层次要素存在由简到繁、由小到大逐级向上的构成关系，是聚落各空间要素在静态构成关系上的进一步发展[①]。

3. 多元关系，聚落作为地域形态中的集合概念，必然具有社会、文化、经济和空间等多层面的复合特性。聚落内部空间以建筑实体的组合、街巷的走向、功能空间的布局等方式引人入胜，同时也反映出聚落自身的功能特点以及使用者的文化价值取向，进一步表现了出少数民族地区的地域传统特征以及社会经济技术水平等。

第三节　新中国成立后至今：现当代绿洲人居格局的发展时期

一、绿洲新型城镇化发展

（一）现代时期——聚落发展的新阶段

所谓城镇化，就是农业人口非农化和农村生活方式城镇化的过程，以及人口向大型、功能型聚落扩展而引发的一系列社会结构变化的过程，是伴随工业化进程的一种新时期的经济现象，传统型聚落由于其生活生产性的历史背景十分丰富，因此其城镇化通常从四个方面表现。首先是人口城镇化，指农村人口向大型城镇型聚落聚集，人口不断增加、比重逐渐提高的过程；其次是地域城镇化，指在地域空间上，传统农耕型聚落地域逐渐转化为以人口高度聚集为主要特征的过程；再者是经济活动城镇化，经济关系、经济活动在地理上聚集以

① 段进、季松、王海宁．城镇空间解析[M]．北京：中国建筑工业出版社，2000：13.

及生产方式日趋具备城镇经济特征；最后是聚居生活方式的城镇化，随着传统聚居社会的身份、职业、角色发生变化，居民的行为方式、思想观念、道德意识、社会交往、受教育程度、生活习惯、综合素质等进一步提高。

1949年9月25日新疆和平解放后，标志着新疆进入了新的阶段，回顾60余年来新疆传统聚落发展进程可以看出，和田河流域传统村镇聚落的城乡化、城镇化进程经过了曲折、艰难的发展历程，但取得了很大的成绩，并主要经历了以下几个时间阶段。

1. 初期发展阶段。新中国成立初期，社会形态变化迅速，国民经济基本恢复之后，国家实施平衡生产力分布。从1952年到1957年全疆一直保持三市鼎立的格局，1952年喀什率先在南疆地区设市，分别由喀什专区领导，城镇、城乡人口稳定发展。但从1958年开始，在“大跃进”和“大炼钢铁”的影响下，区内基本建设膨胀，不仅大量人口涌入城市，也导致了城市化速度骤增。但是由于这一时期国家推行新型的社会主义文化，使“为工农兵服务”成为文化工作的共同方向，配合生产资料所有制的社会主义改造，导致各领域文化将许多传统文化予以否定、摒弃，虽然建筑建造等个别领域局部得到延伸，但大量传统的传统型聚落在发展过程中出现不同程度的传统文化萎缩迹象，古聚落开始突破原有地形限制扩张，沿新建道路形成新的建设区，形成了新旧城区并存的形态格局。

2. 徘徊滞缓阶段。20世纪60年代初，中苏关系破裂，中印发生边界战争。世界形势出现东西两极化，中国受到严重的军事威胁，中央做出了战略转移，突击进行“三线”建设的决策，强调各地区建立独立的工业体系。在新疆开展了打通天山的建设，大规模修筑公路①。道路系统的改变，导致了地理空间上的绿洲格局发生变化，从而导致了传统聚居形态发生变化。1961至1962年时期，开始全面贯彻“调整、巩固、充实、提高”的方针，城市人口大量精减压缩，因此新疆的城乡建设速度减缓，并且由于地区政府财力有限，大大压低了城镇建设以及居住建筑的成本，在这种情况下，传统村镇聚落进入了复兴传统的建

① 李春华. 新疆绿洲城镇空间结构的系统研究[D]. 南京师范大学博士毕业论文，2006：127.

设阶段，当时的营建重在因地制宜、简洁实用，传统材料、传统建造工艺在当时新的社会经济形态下，使聚落界面产生了新的变化。

3．城镇进程加快阶段。党的十一届三中全会以来，随着社会经济的不断发展，城市经济体制改革逐步深入，城市社会经济水平的不断提高，综合经济实力和人民生活水平都上了一个新台阶，社会经济面貌发生了历史性变化，因此有效促进了城镇、城乡的建设和发展。1975库尔勒设县级市，至1986年南疆地区共3个市，随后阿克、阿图什、和田改为县级市，城市网络基本完善，空间布局逐步趋于合理。改革开放给我国带来了“信息化”与“全球化”，随着城镇化进程的加速发展，现代建筑风格、建造技术、建筑材料、设计文化的涌入冲击着南疆地区的传统人居空间，从聚落构建模式到人居空间形态发生了迅速蜕变，少数民族传统生活方式与文化价值观发生改变，传统村镇聚落处于前所未有的、急剧变革的十字路口。

4．城镇发展稳步提高阶段。20世纪90年代，是中国历史上经济增长最快的时期，同时也是区域间发展差异变化最突出的阶段。1990年以后，由于新疆经济发展水平低，设市主要通过政策性手段来实现，到2004年全疆城镇人口增至690.11万人，城镇化水平达到了35.2%。西部大发展战略颁布实施后，南疆地区在聚落基础设施建设、环境生态整治与建设、优化产业结构、科技教育发展和人力资源开发等方面得到了前所未有的发展。喀什、和田、库车等城市集散职能较强的大型聚落，在交通、通讯、供水、供电等基础设施和环境绿化、文教、卫生、商业网点及社会保障体系建设等方面得到了进一步强化与转型，周边城镇、乡镇功能也趋于完善。

（二）当代时期——聚落空间的集聚化

集聚化[①]的产生和发展是传统农业型聚居社会经济发展到特定阶段的产物，

---

① 在城镇化外力和乡村发展内力的共同驱动下，传统乡村地区形成了居住、农地、产业三类空间的集中发展趋势，统一称之为乡村集聚化，是乡村地区动态发展的趋向，它的动力产生、发展和作用模式都是建立在特定区域的特定时期的特定自然、社会、文化背景之上的。随着乡村地区非农化程度的不断增加，传统村镇聚落有了适度集聚发展的可能性，进而形成“中心镇”、“中心村”为空间核心的集聚化趋向。

既有传统工业的集群化发展、农业产业化等内在驱动力，也有城镇化、交通区位等外在驱动力。目前在政策的影响下，全疆的村镇、城镇集聚化发展格局正处于高速成长时期，并已形成了“一圈、三带”模式，即：乌鲁木齐都市圈，北疆、南疆铁路沿线和沿边境城镇、城乡发展带，而和田河流域所在的南疆地区正在走“强化区域性中心城市功能，点轴开发的集中型城镇化道路”。但是由于城镇、城乡布局北重南轻的格局，新疆现有的19个城市，14个集中在北疆地区，而占全疆面积2/3的南疆只有5个城市，进一步导致了该区域部分地区城镇化水平仍然很低，进展缓慢、结构不平衡、城市经济实力和服务功能较弱，区域职能的发展并未同步引起村镇空间等级层次化的发展。因此目前，和田河流域传统村镇聚落在其特殊的自然地理环境下主要呈现以下问题：

1．无序化发展，聚落形态分散。由于绿洲被沙漠戈壁分隔，多分布于两大盆地边缘，至今仍导致该地区传统型聚落的生产力布局分散。同时聚落的发展轴逐渐由河道向公路转变。尤其近几年，随着机动交通在乡村地区的普及，原有基于步行尺度的聚落内部路径网络不再适用，农居向外围道路迁移，在原有的团块和道路之间形成了无序的新建农居。聚落分散化的空间布局不仅造成了低效的土地利用，也导致了管煤系统、排污系统等市政配套设施难以普及，大量生活、工业污水未经处理就直排河道，造成水质下降等环境污染问题，制约了人居环境的根本改善。

2．群体价值缺失，聚落核心空废化。传统型聚落作为一个社会群体系统，在传统农业时代它的生成先是基于血缘关系的，紧密的血缘联系构成了基本的村域治理结构，在空间载体上，聚落建筑围绕庙宇、清真寺为中心，以巷道、广场等开放空间为骨架，以合院为单元，空间的层级结构清晰。近年来，由于聚落的群体价值被削弱，群体价值的缺失直接的后果导致了传统型聚落的公共空间系统失去了更新的能力，加之政府为了节省治理成本，基本采用自治的模式，而村域集体无论在经济上还是在制度上都欠缺针对聚落更新的动力，导致聚落逐渐呈现出空废化的趋向。

3．功能趋向复合，聚落空间机械。随着乡村工业和第三产业的发展，聚落逐渐从单纯的农业型发展为融工业、农业、商业于一身的混合型，空间形态表现出明显的功能混合，形成分散、混杂的空间格局，此时的传统聚落形成了自给自足式的生产方式，但专业化生产和商品流通仍不发达。近年来，由于乡村休闲旅游的发展，特别是在城市边缘环境条件较好的乡村地区，“农家乐”的发展也一定程度上引起了传统村镇聚落的空间转型，民居突破了简单的居住功能，而带有一定餐厅、旅馆等经营性质，民居的规模开始大型化发展，对室外空间及美化也提出了更大的需求①。然而部分地区由于缺乏相应的规划和引导，虽然具有聚落工业、旅游、房屋租赁等多元化发展格局的导向，但仍旧出现聚落空间机械，新建民居均质化等现象，例如羊舍、马厩、旱厕等附属用房正逐渐消失，住宅向单一居住功能化发展。早期少数民族的独立厨房或卫生间设置在户外或屋顶的传统方式也逐渐转向入户配套设置，农居形态趋向整齐划一。居民之间相近家庭人口和相同的宅基地标准，使得民居建筑规模相近，大部分农居都在宅基地分配制度的刺激下呈现一种“盖图章”式的建造方式②。

4. 城乡矛盾日益扩大，聚落差异化界限明显。目前和田河流域的传统村镇聚落发展已经经历了三个主要阶段，第一阶段，混纯阶段，属于自给自足的农业聚居社会，商品经济不发达，因而还不具备城乡分化的客观条件；第二阶段，分离阶段，大型的职能型聚落终于从乡村分离出来并不断壮大，城镇、城市格局形成并开始成为主宰乡村的绝对力量；第三阶段，城乡一体化阶段，在人们反思了工业化与城市化的诸多负面影响后，理性地认识到了少数民族聚居区传统型聚落的价值，以及城市、城镇无论是在经济方面还是在生态环境方面都与乡村有着不可分割的联系。这三个阶段本是一种居住状态或地理学意义上的自然选择，“合—分—合”的历史进程实质也是一种客观必然，但是随着21世纪社会转型，村镇聚落和城市聚落的差异化界限已经达到了史无前例的对立，聚落发展的三个阶段被人为地定位成为落后和文明、前现代和现代的关系。

面对现阶段差异性导致的城镇和城市的“对峙”，各级政府部门也尝试了

① 赵之枫. 城市化加速时期村庄集聚及规划建设研究[D]. 清华大学博士毕业论文，2001：54.

② 李立. 乡村聚落：形态、类型与演变——以江南地区为例[M]. 南京：东南大学出版社，2007：74-76.

大量村镇与城镇协调的有效手段，例如以“城乡等值化”为目标取向，以“政府调控+村民自建”的建设方式整合城乡关系，通过长期、渐进的更新扩展，建设生活、生态、生产一体的村镇新社区，目前已经展开了大量新农村建设实施工程、农村住房集约化建设、民族乡散杂居保护性改造等项目，并且切实开展了大量基础改造工作，例如调查农居建筑质量，进行分保留、改造、拆除，增加聚落的空间容量；更新路径、网络系统，完善内部交通网络的更新，完善给排水、电信、网络电力等系统升级；升级公共服务设施，合理安排学校、卫生所，规划广场、村口等公共空间节点，提升聚落环境品质；重构聚落空间，尊重原有聚落空间结构，规划新建居住单元，完成新旧部分的空间融合等措施以此建设基于现代场所感和社区关系的新型村落。但是由于南疆地区一部分传统聚落的现代化建设还处于粗放起步阶段，社会经济发展相对滞后，因此大规模、快速的城镇化进程以及经济模式转型，导致了出现了土地、人口、空间等各方面一系列的问题，例如少数民族社会空间缺乏活力、聚落中心衰败、外围建设无序等现象，不仅引起了空心村的聚落空间形态异化现象，同时对绿洲生态环境也制造了大量负面影响①。

二、“一带一路”背景下的和田河流域传统村镇聚落的时代剧变

（一）聚落系统层级转型

新疆作为古丝绸之路的中道，历史以来便是中国古代经由中亚通往南亚、西亚以及欧洲、北非的陆上贸易交往通道，也是一条中外交流的友谊之路，开辟了历史上中外交流的新纪元。2013年9月和10月，中国国家主席习近平在出访中亚和东南亚国家期间，先后提出了共建“丝绸之路经济带”和“21世纪海

① 单德启、张军英．警揭空心村蔓延，遏制村庄无序建设[J]．小城镇建设．1999(8)：40-41.

上丝绸之路”(以下简称“一带一路”)的重大倡议，得到国际社会高度关注。共建“一带一路”旨在促进经济要素有序自由流动、资源高效配置和市场深度融合，推动沿线各国实现经济政策协调，开展更大范围、更高水平、更深层次的区域合作，共同打造开放、包容、均衡、普惠的区域经济合作架构，新疆作为向西开放的重要窗口，占据了丝绸之路经济带上重要的交通枢纽、商贸物流和文化科教经济核心区，是深化与中亚、南亚、西亚等国家交流合作的桥头堡，因此“一带一路”的提出，势必对新疆城镇化发展与城乡建设带来时代性的改变。

当前，和田河流域传统村镇聚落正在经历着从聚落系统层级转向聚落单元层级的迁并过程，聚落的边界、密度、形态发生了明显的变化，例如一部分乡村消失，并入城镇、中心村、基层村；一部分以原有传统聚落扩展形成了更大规模的新聚落，迁并模式中聚落的功能也明显扩展，并形成聚落组群。截至2011年底，和田河流域所在的南疆地区城镇共11个，占全疆的41.83%，土地面积106.34平方公里，占全疆的63.88%，接近2/3，并形成了“一核、两轴、五群组、多点”的城镇空间格局，并重点形成了阿克苏——温宿、库车——沙雅——新和、和田——墨玉——洛浦、喀什——阿图什、沙雅，5个特色城镇组群[①]，同时呈现出以下特点：

1．城镇化转型。部分和田河流域传统村镇聚落的转型过程吸取了以往城镇集中建设的经验，将旧村改造规划与用地总体规划紧密结合起来，提倡在总体规划指导下建造公寓式农居，以降低人均用地面积，提高土地利用率。聚落在转型时的空间发生了重构，例如城中村[②]、城乡结合部[③]等特殊型聚落的出现。城中村改造例如老城区改造，通常不具争议，但城乡结合部是一个模糊的、很难准确定义的区域，并且城乡结合部是城镇向农村过渡的区域，该区域乡村经济

① 马延亮．新疆南疆四地州经济发展面临的突出问题及对策[J]．地区经济，2015．1：14．

② 城中村通常为城市地块的“夹缝地”，是城乡发展进程的特殊现象，也是城市建设过程中矛盾最为突出的区域，不仅影响城市美观，也阻碍城市化进程，制约城市发展。

③ 城乡结合部是指兼具城市和乡村土地利用性质的城市与乡村地区的过渡地带，又称城市边缘地区、城乡接合地、城乡交错地区，尤其是指接近城市并具有某些城市化特征的乡村地带，具有明显的传统乡村人居特征及文化背景。

发展水平相对较高，村民的思想观念更新快，有强烈的城镇化趋势，因此这种定义的模糊性造成了目前许多城乡交界地带聚落景观类型混杂、无序化发展的现状。

2. 结构体系转型

由于和田河流域传统村镇聚落普遍存在原有空间结构分散化，道路网络使用效率低下等问题，因此目前更新扩展的聚落转型模式旨在强调，在村庄建设规划核心指导下，合理调整村庄内部用地结构，拆旧建新，鼓励与提倡多户农居联合建房，并且强调需要按标准申请与确定宅基地面积，促进村民集约利用或复垦旧宅基地、闲置地、废弃坑塘、废弃旧厂房等，以提升聚落内部空间的用地使用效率。在满足“生产发展、生活宽裕、乡风文明、村容整洁、管理民主”二十字新农村建设方针的同时，需要与城镇化、城乡化过程相结合，梳理交通结构，完善基础设施建设等，从而达到居住、人口、产业集聚化发展的目的。在新农村建设进程的推动下，和田河流域传统村镇聚落整治建设的实践已经产生了很多的优秀案例，例如喀什巴楚县试点新农村规划项目等。

3. 经济结构转型

在政策引导下，目前和田河流域地区已实施了大量旧城区改造工程，其目的就是针对新旧城区形态格局分异的情况，以新的商业经济模式重组社会关系与社会秩序，促进原始空间与资本介入下的再生产空间自然桥接，例如喀什噶尔历史核心区改造、库车老城区改造、和田市老城区改造等项目，通过在少数民族传统聚居区发展商业、旅游业的方式，带动旧街区周边业态的综合发展，在进一步保留城市传统民俗民风的同时，使商业空间生产的主体从政府、经济向原住民转化，并通过历史文化街区改造重塑街区组团及社会功能，从而达到弘扬新疆少数民族民间传统文化，带动旅游附属经济产业链发展的目的。

（二）独具地域特色的城镇化进程

在独特的地域背景下，新时代、新政策的提出为和田河流域传统村镇聚落的发展目标描绘了美好的未来图景，例如基础设施网络保障水平加强、社会文化提升、村镇活力提升、住区单元有序集聚、传统聚落空间收缩而不萎缩等，然而现实确是面临着更加复杂的问题。以和田市老城区为例，和田市隶属和田地区，是和田河上游面积最大、职能最广的中心城市及沙漠干旱型绿洲聚落，和田市人口密度较高，据2012年数据显示，和田市域人口密度为667人/平方公里，远高于阿克苏、库车等中心城市，并以维吾尔族为主体，同时也具有汉、回、哈萨克、柯尔克孜、满、蒙古、藏等22个民族成分。老城区（图3-21）位于和田市中心城区的南部，占中心城区面积的37.5%，由于建筑用地局促，人口密度大，因此成为目前和田市建设发展矛盾最为突出的区域，并出现了一系列问题，例如庞大的原住民人口和紧张的用地面积给传统聚落发展与城市化建设施加了双重压力；可持续发展的约束激化了人口、资源、环境与发展的尖锐矛盾；新型社区的建设有盲目套用城市社区模式的危险趋势；新建高层住宅多点开花，盲目包围老城区，局部高容积率建设破坏了历史风貌区形象的完整性（图3-22），使得老城区逐渐退化成为单纯以少数民族居住目标的边缘社区，并快速淹没在城市化的进程中（图3-23）。

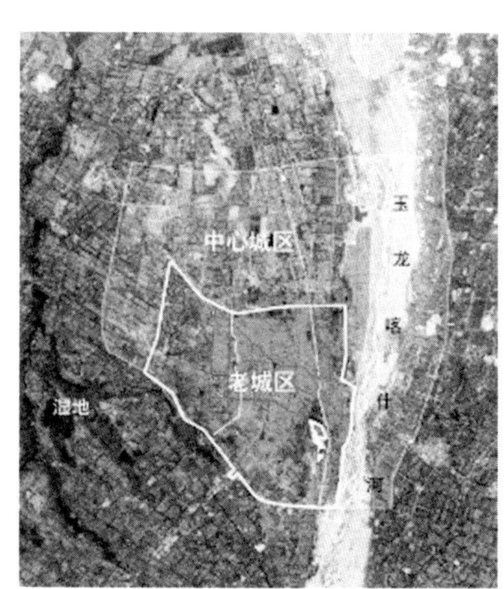

图3-21　和田市老城区卫星地图
（图片来源：《快速城市化背景下的老城区容积率控制——以新疆和田市老城区为例》，耿志鹏、王慈）

图3-22　和田市老城区周边的新建高层住宅
（图片来源：网络）

聚落空间形态的演进是社会生活的需要，也是社会生活的反映，在新疆延绵数千年的宗法制度中形成了以宗族血缘为基础的人居关系网络，并构成了最为基本的聚落聚居组织，少数民族地区传统村镇聚落的城镇化进程实质是血缘网络逐渐被地缘、业缘所取代的过程，是少数民族在相互理解、信任、感知、经历的基础上构建新社会秩序，形成新社会群体的过程，因此，新疆特殊的地情也决定了不能够沿袭内地发达地区以及西方国家曾经的城镇化发展老路。当下的传统村镇聚落的发展建设或多或少的存在着“顾此失彼”的缺憾，但是随着“一带一路”政策的提出与开展，为我区城乡、城镇建设发展带来了前所未有的契机与更加丰富的可能性，但我们仍应慎重思考如何协调传统村镇聚落和城市的关系，从宏观上对聚落空间布局进行调整，完善聚落空间层级；如何保持城市和传统村镇聚落之间的“城乡等值”，提高传统村镇聚落的土地利用强度，改善聚落环境；如何在新形势下指导并开展新农村建设、旧城区改造，从而推动少数民族地区聚落集聚化发展；如何保存传统村镇聚落的乡土文明价值观，促进民族文化资源进一步完善等，是目前和田河流域传统村镇聚落有机更新的时代性课题。

图3-23　和田市老城区的破败景象
（图片来源：网络）

三、成熟时期的聚落空间形态

（一）面状围合

随着当代和田河流域传统村镇聚落城乡、城镇化建设进程的发展，村镇与城市之间的联系越来越紧密，并逐渐巩固了传统村镇聚落在社会、经济、生态、景观等多方面的独立性，除居住单元的功能之外，也在一定程度上承担了经济生产和社会服务功能。就传统村镇聚落的内部形态而言，虽然大多数仍为较为单一的民族聚居群落，但由于生产生活发生转变，尤其是在社会经济、乡镇企业相对发达的地区，传统民居格局发生了重大变革，同时期的聚落文化也逐渐显现出多元化特征，给传统村镇聚落带来了前所未有的强势文化示范。在这种背景下，城市日益接近的生活方式改变着传统村镇聚落的居住方式，民居建筑逐渐从改善型向享受型过渡，新材料、新技术也在传统民居建筑的营建中先后反映。在地势较为平坦的聚居区内部，建筑个体在街道和巷道边缘聚集，形成了相对完整的沿街建筑界面，同时也将街区的周边逐步围合封闭，进而由外围向内部逐步填充，新建筑有机的填充在街区中，出现了面状围合空间，伴随着街巷格局的进一步完善，逐步形成了相对完整的聚居用地边界。

就传统村镇聚落的外部形态而言，聚落内外部道路网骨架逐步完善，从而形成蔓延发展的形式，由于道路网络序列的变化，导致了新旧街在同一区域内形成了完全不同的形态，新街区在继续完善建筑类型多样化特征的同时，出现了城镇功能分区的趋向。此外，由于传统村镇聚落是基于步行系统发展起来的，同时路径网络也承担了传统聚居生活中交通出行、社会交往等多元化的需求，因此，传统村镇聚落的路网系统正在经历着“回归”的阶段，从通行模式由步行主导向机动车主导转变，和田河流域传统村镇聚落依河道形成的带状空间模式开始向面状复式状态发展。

（二）动态性

运动是绝对的，静止是相对的，和田河流域传统村镇聚落犹如一个有机的生态系统，当聚落与外界物质的交流保持在较为稳定的形态时，聚落空间开展演化进程的空间轴是随着时间轴而变化的，但由于人类的每一次建设活动都有其随机性，因而和田河流域传统村镇聚落的历史演进过程是复杂的、动态的、非线性的。

新时代下随着居民对聚居使用要求的改变，聚落建筑不断改建、加建，甚至重建，在这种动态性的变化过程中，传统村镇聚落每时每刻都与周围环境进行着物质、能量和信息交换，处在一种动态的发展平衡中。迅速拓展的聚落建设极大地改变了绿洲环境中原有的形态，在这种自组织、自繁殖的聚集效应以及自下而上的形成过程影响下，乡村与城镇、城市三者之间通过内力的作用，遵循自然生物体有机生长的原则，在一定的物质技术条件的支持下，叠加起若干个体的意识，在动态进程中满足个体的功能要求，从而以适应地域环境特征或经济技术条件为准则，并表现出对于聚落内部原有结构的尊重。

第四章

和田河流域传统村镇聚落形态的有机更新

第一节　现行模式的思路借鉴

一、相关理论启示

聚落空间是不断变化的社会系统和相对稳定的自然系统相互作用的结果，当前和田河流域传统村镇聚落的发展动力多来源于政策引导下的外部驱动力，和来自聚落空间的重构需求的内部驱动力，发达地区的市场经济、良好的公共供给体系以及示范型政策制度为聚落的优化提供了借鉴思路。

（一）社会转型理论

“社会转型”一词源自西方的社会学现代化理论，英文“social transformation”的译释，体现了社会学家对生物学“transformation”一词的转用。在生物学中，“transformation”为生物演化论，特指一物种变为另一物种。西方社会学家借用此概念来描述社会结构具有进化意义的转化和性变，通常是指传统的原型社会规范结构向“发展逻辑”的更高层次的演化，也是指人类社会由一种存在类型向另一种存在类型的转变，它意味着社会系统内在结构的变迁，意味着人们的生产方式、生活方式、心理结构、价值观念等各方面全面而深刻的革命性变革。社会转型从一开始的引进就带有浓厚的“从传统到现代”的发展观，尤其在当代“从传统到现代”的发展观得到了充分肯定，并被定义为具有特定含意的社会学术语。认为其意指社会从传统型向现代型转型的过程，以及从农业、乡村、封闭、半封闭的传统型社会，向工业、城镇、开放的现代型社会的转型，而社会转型论就是一种主张传统和现代既对立而又统一的新型的现代化理论[①]。在这种社会进化论思想的作用下，“传统”与“现代”的含义由于具有极大的包容性而成为社会学家、城市学家、人类学家研究、分析和判断人

① 徐家林．社会转型理论的范式构建[J]．探索与争鸣，2008，12：34.

居发展程度和水平的基本方法。

“传统”一词被意为“世代相传、从历史沿传下来的思想、文化、道德、风俗、艺术、制度以及行为方式等，对人们的社会行为有无形的影响和控制作用”[①]，传统文化是文明演化而汇集成的一种反映民族特质和风貌的民族文化，是民族历史上各种思想、观念、形态的总体表征[②]，然而传统一词却往往也会与落后、不发达、静止、封闭和陈旧的观念相联系。而“现代”一词通常被意为是一个国家在发展过程中与当今生活方式、科技水平协调而形成的一种新型思想理念、道德标准、行为准则等，并且常与先进、发达、流动、开放和新生的社会状态相联系，现代文化是能够促进社会整体和人类自身现代化的文化发展形态和过程，也是传统文化的连接点、临界点、起点和超越点。社会转型概念围绕“传统”和“现代”的论题一经出现，便成为学术界争相阐释的话题，就目前新疆和田河流域传统村镇聚落而言，社会转型实质就是整体性地由传统的少数民族农业文明向现代工业文明的转型。分析当代社会转型研究的背景可以发现，特别是在20世纪后期我国引入了这一概念后，进一步扩展了理论体系所涉及的研究范围，将其较为全面地覆盖至我国当前的社会变化态势，并且能够从整体上把握地域差异的特点，将社会转型从概念层面进一步提升到了可以实际操作的界面。因此，传统与现代之间实际并无明显的鸿沟，其关系应该是相对的，而不是绝对的，转型实际是传统因素与现代因素此消彼长的进化过程，也是建立在传统与现代划分的基础之上，是事物从传统型向现代型转变的过渡过程[③]。

（二）原型思想

“原型”的字面含义是原始的“型”式，古希腊哲学家柏拉图认为万事万物都有其被创始的原始模型，都有事物的理念本原。近现代原型的研究缘起于弗洛伊德对潜意识的发现，他的潜意识概念主要强调个体曾经意识到的被压抑的

① 王纪武．重庆地域传统人居形态及文化研究［J］．规划师，2007，5：67.
② 刘沛林．古村落——独特的人居文化空间［J］．人文地理1998，10：32.
③ 李云峰．20世纪中国社会转型的制约因素［J］．咸阳师范学院学报，2003，5：36.

经验，属于个人潜意识，是后天的、特殊的、主观的意识经验概念。之后瑞士著名的心理学家荣格完整地提出了“原型理论”，他借用了柏拉图理念中“原型”这个术语，在分析心理学领域形成了一个新的理论体系。荣格认为，集体无意识是通过某种形式的继承或进化而来的，是由“原型”这种先存的形式所构成，原型赋予某些心理内容以其独特的形式，并组成了一种超个人的心理基础，普遍地存在于每一个人身上，它也会在意识以及无意识的层次上，影响着人们的心理与行为，历史中所有重要的观念，无论是宗教、科学、哲学还是伦理观念，都必然能够回溯到一种或几种原型，然而这些观念的现代形式，只是其原型的不同表现，是人们有意识或无意识地把它应用到了生活现实的结果[①]。此外荣格的原型理论还包括许多方面，如原型是如何获得、原型与后天经验的关系、原型的主要作用等，不仅潜入到心理学的深层领域，还容纳了更深广的内涵，尤其是被引入了建筑学研究领域（图4-1），并对建筑创作的发展有着积极的影响。

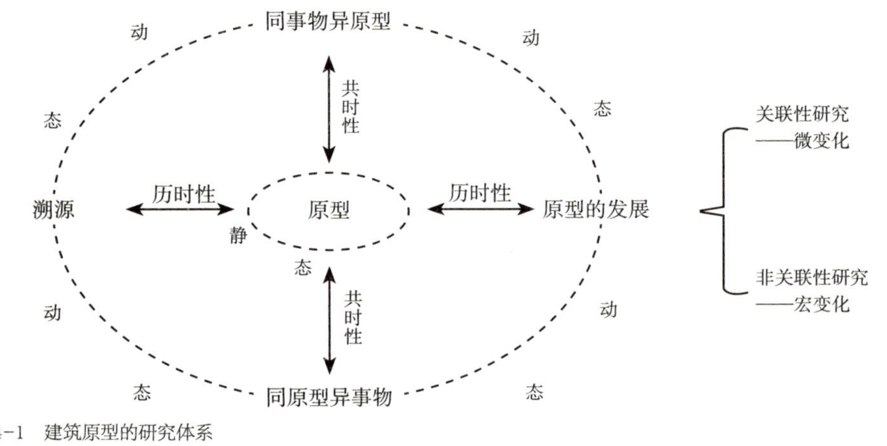

图4-1 建筑原型的研究体系
（图片来源：刘琪瑶，《建筑原型理论研究及应用——以院落建筑为例》）

在建筑领域中，“原型”是存在于传统建筑文化之中的一种典型形态，它凝聚了聚居地区人们所持有的哲理、情感，西方古典主义建筑学家们看到了在原始的自然环境中诞生的建筑过程，而现代主义的建筑大师们则似乎看到了人工环境中诞生新的建

① 金敬姬．艺术—无意识的象征产物[D]．杭州：中国美术学院：2008.

筑形式的可能。在原型理论方面有较大突破的是意大利新理性主义[①]学派代表人阿尔多·罗西，他将心理学的原型理论引入到了建筑学与城市规划学领域，在建筑设计中倡导类型学，要求建筑师在设计中回到建筑的原形去。同时，罗西认为一切建筑都来自于古代人创立的有限的几种形式，并且这些形式已经被人类和一定的种族所认同，进入人们的集体记忆之中，而建筑师的任务就是寻找或在人们集体记忆中的原型形式，在这种原型中挖掘永恒的价值，以体现出“永恒的人类生活”。在他看来，缺乏原型的建筑形式充其量不过是一种肤浅的几何学游戏，如果它绝对不能经受得住时间的考验，它也无法获得永恒的普遍价值（图4-2）。新理性主义的另外一位代表人物罗伯特·克莱尔则对欧洲具有典型意义的城市空间进行了分析，并且将城市视为街道、广场和其他开敞空间相互结合的产物，尽管城市具有多样的形式，但从本质上只有方形、圆形、三角形和自由形几种原型，城市空间的组织是基本类型及其组合和变形构成的[②]。

图4-2　罗西绘制的建筑草图
（图片来源：朱雪晨《西方建筑领域中的原型思想》）

在原型思想中，任何人居格局的发展都是一个有规律可循的演变过程，其内容的置换取决于每个发展阶段所特有的价值观标准，这样在历史的长河中就可以通过某些基本的原型而串连起来，构成有机的统一体，并且能够从中清楚地解析出人居空间形态演变的过程，解读人类聚居活动的各种变或不变的规律现象，认识并发掘聚落所蕴涵的价值，以及不同时代所表现出的结构特征，从而为建筑学领域的聚落研究打开一个全新的视角。

（三）有机更新理论

“有机更新”理论是在对中西方城市发展历史和城市规划理论充分认识的基础上，由吴良镛[③]教授率先在国内提出的，他认为从城市到建筑，从整体到局部，如同生物体一样是有机联系并和谐共处的，他主张城市建设应该按照城市

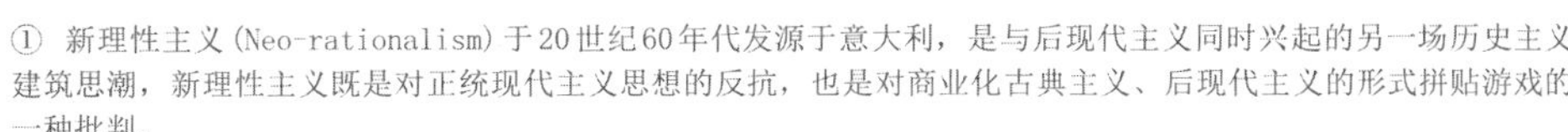

① 新理性主义(Neo-rationalism)于20世纪60年代发源于意大利，是与后现代主义同时兴起的另一场历史主义建筑思潮，新理性主义既是对正统现代主义思想的反抗，也是对商业化古典主义、后现代主义的形式拼贴游戏的一种批判。

② 朱雪晨．西方建筑领域中的原型思想[J]．建筑论坛，2009，1：40.

③ 吴良镛，中国建筑学家、城乡规划学家和教育家，人居环境科学的创建者，研究领域涉及人居环境科学、建筑、城市设计等。

内在的秩序和规律顺应城市的肌理，应采用适当的规模、合理的尺度，依据改造的内容和要求，妥善处理目前和将来的关系，在可持续发展的基础上探求人居环境的更新发展，并且认为城市有机更新应包含有三个层面的含义①。首先，“有机”一词从字面来理解，代表了生机、生命、机体的含义，城市有机体就是具有生命活力的城市个体。“有机”概念应用于城市，就是部分与整体的和谐，是把城市当作了一个“活”的有机体来对待的以人为本的思想体现。其次，“更新”包含了“改造”与“重建”的含义，主要是针对历史文化区域的形态结构优化，社会经济发展内容的调适和生态环境的改善，是为了让人居空间适应当今新的生活需求而进行的改变。最后，“城市更新”一般是指针对城市城区环境较差、标准偏低、规划落后、经济衰退而进行的自我改造过程，城市更新不但涵盖了旧城改造的全部内容，并随着城市的发展而不断添加新的内涵②。

聚落作为人居生存的载体，从总体到细部都是一个有机整体，聚落的各个部分之间就像生物体的各个组织一样，彼此相互关联、和谐共处，形成整体的秩序和活力传统聚落的有机更新，聚落有机更新的过程就好比是原有的人居肌理正在以细胞为单位进行逐渐、连续、自然的变化（图4-3），更新的过程不但要注重生态环境和技术手段，还要以动态的眼光来看待人居背景的发展，在保持历史人文因素之外，还要将美学和文化的内容包含进去。和田河流域传统村镇聚落是我国聚落文化的重要组成部分，也是西部少数民族地区特有的、复杂的人居现象，其有机更新更是涉及多个领域的巨大的系统工程，它涉及区域乃至城市的综合发展、历史文化遗产保护、环境保护等多个领域，其聚居空间的演进

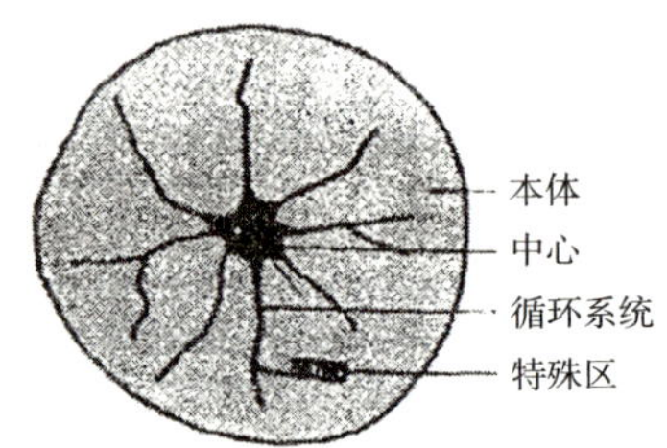

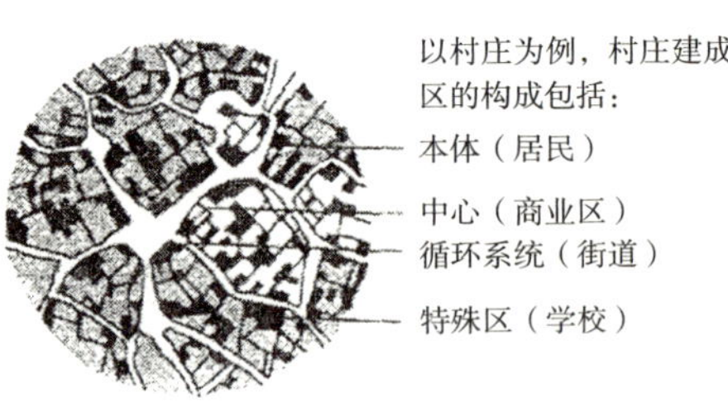

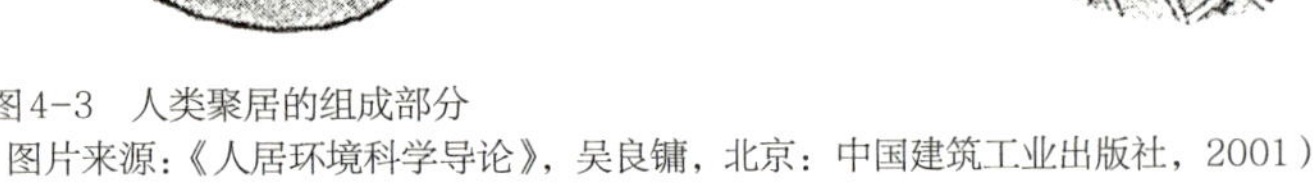
图4-3　人类聚居的组成部分
（图片来源：《人居环境科学导论》，吴良镛，北京：中国建筑工业出版社，2001）

① 吴良镛．广义建筑学[M]．北京：清华大学出版社，1989.
② 张晓靖．有机更新理论及其思考[J]．现代园林，2007，11：29-30.

有其自在的特点和规律，有以宗族血缘为社会组织基础的随机性和难以整体计划的特性，也有乡土社会、经济的独立性，因此，在建立该类传统聚落发展的构架时，必须树立有机更新的方法论理念①，以期确保传统区域与现代城市的协调发展。

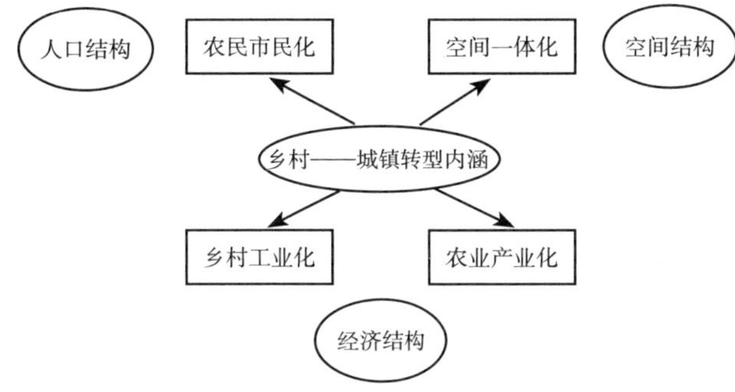

图4-4 城镇转型的层次
（图片来源：周英，《中国西部乡村——城镇转型的动力机制、模式及测度研究》）

二、相关措施的启示

（一）城镇转型

城镇转型（图4-4）是我国实现城乡一体化和城镇化战略的重要组成部分，改革开放以来，我国的城镇化进程不断加快，对城镇转型的理论探讨逐渐增多，乡村与城镇的协调发展成为我国区域协调发展战略的重要组成部分。建国初期，在多种限制之下，我国乡村与城镇之间形成了城乡二元化发展结构②，然而近年来，随着改革的深入和社会经济建设的发展进步，特别是国家城镇化发展战略的实施，以协同发展为目标的城镇转型正在逐步推进之中③。

传统村镇聚落的城镇化转型是近年来吸取城镇集中建设经验的新研究方向，城镇化作为现代化的重要标志，也是加快传统人居社会发展的重要途径之一。乡村与城镇作为两个具有特定功能定位及发展特征的区域，在共同发展中既彼此分离又相互影响，既存在矛盾对立又具有互相依存的内在需求，因此对城镇转型的内涵、动力机制及模式进行梳理，有利于正确处理我国乡村和城镇的关系并合理调整各种利益之间的关系，为我国乡村——城镇转型的快速与可

---

① 方可．探索北京旧城居住区有机更新的适宜途径［D］．北京：清华大学，1999

② 城乡二元结构是指以社会化生产为主要特点的城市经济和以小生产为主要特点的农村经济并存的经济结构，主要表现为：城市经济以现代化的大工业生产为主，而农村经济以典型的小农经济为主；城市的道路、通信、卫生和教育等基础设施发达，而农村的基础设施落后等现象，在传统农业经济向现代工业经济过渡的历史进程中，必然出现这种不对称的组织和社会存在形式。

③ 周英．中国西部乡村——城镇转型的动力机制、模式及测度研究［D］．西安：西北大学，2014.

持续发展提供理论支持与现实指导[①]。但是在现阶段，乡村在发展水平、发展方式上还远落后于城镇，特别是我国少数民族聚居区以及西部地区，城乡之间发展差距更加明显，与东部地区相比城乡失衡的矛盾也日益凸显。

城镇转型的过程离不开乡村与城镇地域空间的融合和结构的转变，因此，空间一体化[②]是乡村向城镇转型的基本内涵。城镇转型的空间一体化能够保证在充分利用传统村镇聚落和城乡、城镇空间的基础上合理安排农业生产和现代工业发展，并完善乡村和城镇的统一建设体系，有利于城乡之间各项基础设施的对接，有利于原有居住单位、居住领域的良性过度，因此特别适合西部少数民族地区传统村镇聚落向城乡、城镇化进行有效的转型。

（二）更新扩展

更新扩展模式是指强调在乡村建设规划核心的指导下，合理调整乡村内部用地结构，通过拆旧建新鼓励并提倡多户农居联合建房，明确宅基地面积，促进村民集约利用或复垦旧宅基地、闲置地、废弃坑塘、废弃旧厂房，从聚落内部提升用地使用效率及聚居活力的有效措施[③]，也是乡村地区梳理交通结构、强化民居建设与基础设施建设、完善基础配套服务的有效途径，并兼具聚落更新的良性互动和合作，是针对聚落空废化等现象提出的有效策略之一。

在我国漫长的农耕文化发展历程中，传统村镇聚落一直处于渐进式的发展过程，然而随着城市化的发展，逐渐出现了建筑破败、结构腐朽、空置化严重甚至成片废弃等现象，最终导致了“空废”问题的出现，例如空心村等。这种现象的出现大多源于传统村镇聚落空间无法满足现代生活在功能上快速增长的需要而导致的居民迁移，或因为家族聚居规模扩大、家族制度弱化、邻里居住关系发生改变而出现的择址新建现象，致使原有聚落呈现出膨胀、离散的发展态势，进而加剧了传统村镇聚落空废化的出现。特别是在西部少数民族地区，

---

① 费孝通．中国城乡经济发展道路［J］．中国社会科学，1993（1）：3-13.

② 空间一体化即乡村地区向城镇地区空间结构的转变，不仅包括简单的城乡界限变动、城镇规模扩大和城镇数量的增加，也包括了乡村地区与城镇地区相连接、过渡的地域，从农业生产型向非农业生产型的转变。

③ 刘庆、关欣、张凤荣等．关于农村宅基地使用权流转的思考［J］．农村经济．2006（1）：37-38.

人口的流动、东部发达地区意识流的冲击、外来经济收入渠道的拓展，以及传统聚居观念的改变都成为导致传统村镇聚落发生空废的原因。例如喀什噶尔的高台民居，由于维吾尔族传统建筑在建造工艺、材料等方面本身存在缺陷，建筑结构较为脆弱，建造规范及其随意，缺乏系统性规划，因此存在严重的安全隐患，加之受到现代城市化进程的影响，原有聚居区的迁出率极高，导致了目前高台民居几乎处于废弃状态（图4-5）。而此类现象的出现，正是目前新疆少数民族传统聚居区城镇化建设发展过程中所普遍遭遇的问题，在实施解决过程中也极易遭遇瓶颈环节，因此更新扩展模式的建设迫在眉睫。

图4-5　喀什高台民居废弃的民居建筑
（图片来源：作者拍摄）

第二节　聚落优化的途径

一、聚落优化的目标原则

（一）乡土性原则

“从基层上看去，中国社会是乡土性的”①，在细致入微的经验观察和高度概括性的历史回顾中，费孝通总结出了乡土本色是传统人居社会的基本特征。乡土性（图4-6）是地域性自然和文化特征的时空体现，从原始村落到城镇的漫长演化过程中，不同的地理环境产生了不同的空间行为方式和与之相适应的乡土景观，然而，在全球化进程中，传统聚落由地域和文化的融合转向于全球化的时空异化，并不断模糊着地域与文化的界限。当前中国城镇化进程正处于由过

① 费孝通．乡土中国生育制度[M]．北京：北京大学出版社，1998：6.

图4-6 聚落的乡土性要素
(图片来源：作者绘)

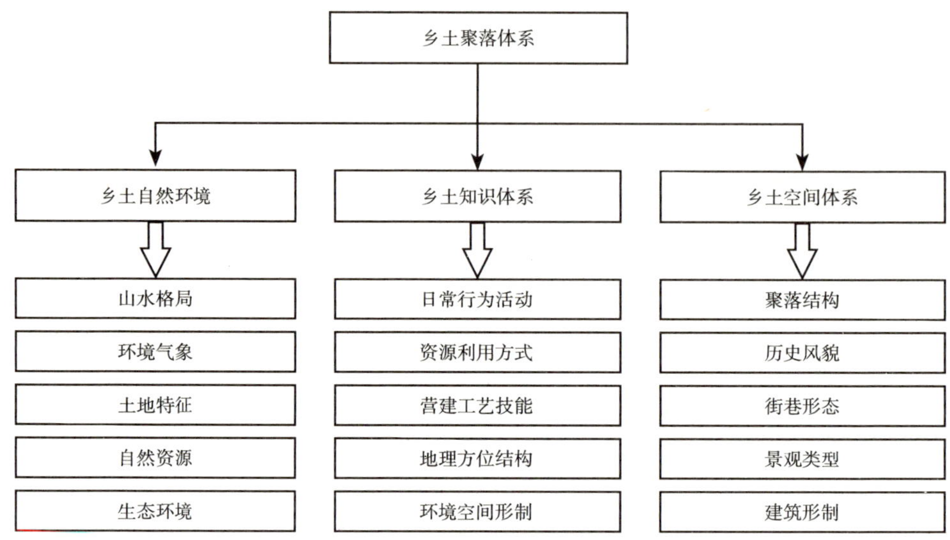

去几十年高速的增量发展转向于以可持续为导向的存量盘活阶段，2013年中央城镇化会议提出了“让城镇融入大自然，让居民望得见山、看得见水、记得住乡愁……更要保护和弘扬传统优秀文化，延续城市历史文脉，要注意保留乡村原始风貌，尽可能在原有乡村形态上改善居民生活条件”[①]的指导思想，并立足于城镇化进程的经验和教训，隐含对了当前传统聚落“空心化”问题的反思，由此可见，我国城镇化建设正在反思传统人居社会转型和文化变迁导致的地方性人地关系重构等问题。

和田河流域传统村镇聚落具有区别于我国普遍地区农业聚落的诸多特征，现存的传统村镇聚落作为历史层积的“断面”，记载了不同时期乡土格局的形成与演变，是绿洲地理风貌、民俗民风和传统价值的体现，相对于中原地区来说，多种文化渗透、融合共生的现象更为明显。在目前的城乡、城镇化建设过程中，和田河流域绝大部分传统村镇聚落的乡土结构依然留存，但随着现代性特征的渗透，乡土功能不断发生变化，居民的分化程度和异质性已经有了巨大

① 李畅．乡土聚落景观的场所性诠释——以巴渝沿江场镇为例[D]．重庆：重庆大学，2015：110.

的变迁，并突显出了后乡土性[①]特征。尤其是近年来大量的城乡建设项目往往存在着“顾此失彼”的缺憾，例如大规模的、整齐划一的联建新农村社区（图4-7），建筑形态、规模、颜色整齐划一，空间层次单调，建造过程缺乏公众的共同参与性，呈现出一种行政化的、制度化的秩序，少数民族由自然和人文互动所形成的场所性空间几乎荡然无存，并且失去了与传统社会生活的对应关系，这种空间均质是传统人居形态失落的普遍现象。

由此可见，长久以来人地互动所形成的乡土性决定了人与场所之间基于“天、地、人、神”的存在关联，保护和维系乡土场所的生成机制和文化感知，成为当代少数民族地区传统村镇聚落延续人居文化生命周期的关键因素。

（二）自主性原则

在新农村建设的推动下，新疆少数民族乡村整治示范工作、边境地州乡村调查工作已全面展开，特别是在贫困人口集中、经济相对落后的民族农牧区，加大基础设施投入、加快产业结构调整，加强科教文卫建设，也为该地区开展新农村建设并实现社会长治久安奠定了基础，同时也对聚落更新模式提出了更

图4-7　和田地区联建新农村社区
（图片来源：网络）

① 后乡土是指传统村镇聚落从封闭半封闭的、流动性极低的生活空间，进入快速转型和高流动性的状态。

为复杂的要求和更为多元的目标。特别是针对择址新建项目的开展，民族地区受宗教环境等复杂社会问题的影响，原住民的传统人居伦理观对外来文化有着本能的排斥反应，因此大规模的拆迁重建以及传统村镇聚落转型，势必会导致出现脱离原住民本体意识的问题出现，由此可见，确保村民主体的自主性，使原住民意识主动参与决策权，显得尤为重要。

在和田河流域传统村镇聚落的有机更新过程中，可以采取以下两点自主性措施：

1. 尊重公众自主意愿

在政府主导、以土地效应为主要诉求的新农村建设等过程中，为求快速的实效性，违背村民意愿，强行拆迁转移的案例层出不穷，成为当前我国城乡建设问题中的主要不和谐因素。撇开强拆强占等极端现象不谈，面对少数民族地区多元化的历史文化背景，统一拆迁、统一建设的模式几乎无法适应，原住民个人及家庭现状、家庭住房及承包田现状、房屋现状、居民转移的顾虑以及转移过程中的经济补偿等，也都是新农村建设初期需要面对的基础问题[①]。居民应有的选择有被城镇化的权利，也有继续居留于乡村住地的权利；应有选择迁移的权利，也应有选择原址居留的权利。因此有机更新的进程需要充分发动村民参与，调动政府、专业人员和原住民三方面的积极性，使城镇化有坚实的群众基础，才能确保少数民族地区传统村镇聚落发展的长期性、渐进性及有效性（图4-8）。

2. 规划公众参与制度

早在1980年，我国便开展了关于公众参与城市建设的学术研究，2007年颁布的《城乡规划法》进而加强了公众参与城乡建设的具体环节和行为规范，确立了公众参与建设实施的作用和地位，并起到了一定的社会推动作用，党的十一届三中全会以来，我国公众参与的基本制度框架已初步形成。

公众参与制度的建立，使新农村建设的具体实施依据坚实的群众基础，在运作中起到弥补单纯技术研究的不足，使有机更新的可行性研究更加完善，项目设计更加科学，措施更为得力，一旦项目开展实施，也会因为有公众的参与

① 吕月珍．农户参与城乡建设用地增减挂钩意愿的实证分析[D]．浙江大学博士毕业论文，2009：113-114.

图4-8　喀什噶尔老城区改造居民代表座谈会
（图片来源：作者拍摄）

图4-9　喀什噶尔老城区改造走访收集原住民意见
（图片来源：作者拍摄）

使进程更加顺利，使项目少走弯路，节省投资（图4-9）（表4-1）。因此公众参与制度的提出不仅保护、尊重了公众的利益，更有效制约了行政部门的权力，从而体现出项目决策的合理与公正，无论从技术、经济的角度，还是从政治的角度，公众参与项目决策和发展规划将是一种不可逆转的趋势①。

二、聚落优化的策略

（一）遵循场域力

“场域”是布迪厄社会学理论的核心词汇，也是布迪厄关系主义中关键的隐喻空间，他将“场域”定义为社会个体参与社会活动的主要场所，以及包含时间、历史叠痕、事件流的特定空间，具有自主分化、隐性思维特点，是“在各种位置之间存在的客观关系网络或关系构型”，因此，根据场域概念进行思考，实质就是从关系的角度进行思考②。布迪厄所定义的“场域”不等同于一般的领

① 刘建生、胡卫军、梁晨雯、彭伟．论土地整理中的公众参与[J]．河北农业科学，2010(2)：21.
② 李烨鑫．矛盾场域理论下的图文关系[J]．河南社会科学，2012，20(7)：92-94.

村民参与共建的途径及内容（来源：林涛，《浙北乡村集聚化及其聚落空间演进模式研究》） 表 4-1

阶段	参与途径	参与内容
信息转播与收集	居民会议 官方网站发布信息 问卷调查 现场勘测及访谈	通过座谈会初步了解村民意愿 项目区现状以及生产生活基本状况 居住质量、道路质量、服务设施等满意度调查 迁居意愿、村落发展方向意向调查
初始规划	居民交流会议 居民意愿调查	项目选址协调 聚落产业发展方向规划 聚落空间初步规划协调
规划反馈	协调会议	展开主题讨论 提出解决措施并提出意见
制定决策	民意投票	规划方案选择 村民协调
实施过程	居民团体参与建设 居民代表参与管理	财务管理、组织实施 工程招、投标、工程质量管理 村民自建

域，也不是被一定边界物包围的领地，世界是由大量具有相对自主性的小世界构成，这些小世界都是具有自身逻辑和必然性的客观关系空间，“场”并不是孤立存在的[①]。和田河流域传统村镇聚落所关注的“场”既包含有明确边界范围的具象场地，又包含具有时空界限、立场蕴意的抽象关系空间，是以人类为主体的有形或无形的结构空间，而场域力则是联系少数民族人居社会结构空间的关系力量，并通过媒介场域表现于聚落空间之中，这与布尔迪厄场域理论中所表述的“场所关系主义”概念相一致。

1. 基于自然场域的人地关系

近年来生态观念逐渐深入人心，在全国范围内的城镇化进程中，普遍重视对山林、水网等自然生态景观的尊重和保护，生态资源也随着乡村旅游的开

① 杨光钦. 场域理论与科研评价模式创新[J]. 教育理论与实践，2012，32(10)：16-20.

展，开始体现出其附加的经济价值，因而进一步驱动了自然场域研究的良性过程。优秀的聚落空间形态往往与场域内山体、水系的形态产生微妙的谐振作用，自然场域将非人类中心主义的权力范围扩展到了整个自然界。需要引起重视的是，和田河流域传统村镇聚落是以河流廊道为主线的西域人居系统，至今仍保留着乡土淳朴的人居生态观，聚落从诞生之初便与干旱绿洲生态格局保持着低水平的原始协调，在历史演进过程中记载了顺应自然地理规律且世代沿袭的人居生活经验，尤其是在生产力不发达的原始阶段，生态环境的自然演变成为制约人地关系发展的重要因素，干旱气候以及水资源主导着该地区多元复合的民族关系，并对聚落兴衰具有刚性约束作用。

2．基于社会场域的物理特征

社会场域是指以人为主体的事件单元所处的社会结构与关系，在街区范围，社会场域是由家庭、家族和社区建构组成的社会结构圈及关系网。韦伯指出，中国的传统社会是“家族结构式的社会”，和田河流域传统村镇聚落的社会单元是按照家庭而非个人组织起来的，家庭是当地政治生活中复杂的成分，传统乡土社会聚族而居，依靠血缘、地缘和族缘而建构起来的民间组织网络构成了以共同风俗习惯和规范为纽带的聚落自治共同体，对于少数民族基层社会治理的稳固起到了重要作用。同时，和田河流域传统村镇聚落的空间布局受自然条件、社会经济发展水平、人口密度和生活习惯的影响，在很大程度上反映了聚落各项社会活动、各要素之间的相互关系以及聚落用地空间结构的基本特征，聚落文化通过独特的语言系统地为传统地人居社会提供了模式转换的资本，直接影响社会场域的变化与发展，是乡村社会不断演进的结果。

3．基于文化场域的人居形态

文化场域是由各种文化思想交织而形成的，任何一种思想的形成与发展都需要通过文化场域的转换才能走向现实。文化的传承在历史上主要是通过文化载体间的不断复制而进行的，在某种程度上说，这种历史时间的不断复制是文化得以保存的主要原因，文化传承与社会发展的时间差也使得文化表现与社会发展形成了鲜明的对比，从发展的全局视野来看，这种差异性的客观存在关系形成了总体的文化场域。和田河流域传统村镇聚落人居文化场域的形成，来自于原始聚居社会的文化心理情结，聚居人群凭借对自身文化的强烈归属感将本土文化延续了下来，对自我文化的肯定以及对异己文化的区别与对立，在无形中造成了文化场域的权力区分，因而在现阶段部分新农村改造等城乡建设项目中可以发现，原始居民会对外来文化有强烈的排他反映，很难与时代发展的步伐相保持一致。因此，尊重传统聚居社会的文化场域，以此为寻求少数民族传统人居社会形态延续与发展的突破口，至关重要。

（二）凝聚场所精神

从亚里士多德的“虚空”观念到海德格尔关于“建造与定居”的哲学思考，从爱德华·拉尔夫的“场所性与无场所性”诠释，再到段义孚的“地方、空间与生存”思想的研究，“场所”一词作为“特定的人或事物所占有的活动处所”，其概念从未停止的在哲学、心理学、地理学等学科框架下延展。20世纪70年代，挪威城市建筑学家克里斯蒂安·诺伯格·舒尔兹在后现代主义思潮的背景下，第一次有意识地将胡塞尔、海德格尔等人的现象学思维引入建筑学领域，构架了建筑现象学体系，从而提出了“场所精神”的核心概念，进一步弥补了现代主义建筑设计、城市设计等侧重功能以及自然科学方法的偏颇。场所精神的提出赋予了场地特殊的内容性，以及非物理意义上的、超越时空界限及精神立场的关系概念，是人的意识与行为存在于场地之中所获得的空间感和归属感，也是承载人类历史、经验、情感的认知体系。

1. 保护精神原型

追溯和田河流域传统村镇聚落的历史演进的轨迹可以发现，该地区的古聚落自选址伊始就在空间上与生态结构、宗教信仰保持着高度的“耦合”，并与外界的自然环境建立了物质循环、能量交换、信息传递的场所逻辑关系。建筑作为传统村镇聚落表征物化空间的物质实体原型，是聚落内部褒扬人类行为的容器，展现了高度凝聚的少数民族文明，随着经济结构、物质资料的变化而有机演化，并基于地缘关系反映出了场所与人伦秩序的同构。而表征着非物化空间的人居理念以及其中蕴含的生活习俗、文化心理、民族意识则构成了聚落的精神空间原型，由血缘空间而衍生出的宗族聚居关系，成为聚落内部的时间、历史叠痕、事件流的链状维系，构建了聚落场所认同感和归属感的精神载体，深刻地影响着聚落历史演进的形态特征。而对亲缘属性的认同，成就了寄托少数民族心理状态与生活方式的精神空间，在血缘人伦的生命肌理制约中，遵循着居住形态的一律性，从而形成了以社会集体为主系、以血缘关系为支系的族群社会。

2．维持场所秩序

聚落形态的发展是一个与生命成长相类似的过程，并不是在预先某个单一目标的操纵下进行的，生活内容和方式的变化随时调整着人居社会形态，并不断地创造着新形态的场所秩序，因此也就意味着聚落的建设也应该是一个长期演变的动态过程。和田河流域传统村镇聚落的生成过程分为自下而上的秩序和自上而下的秩序两类。自下而上是指按自然的力和客观的力作用，遵循聚落逐步生长原则，是若干形态各异的意向多年累积叠合、相互协调、自发生成的过程，通常没有统一的规划思想驾驭，多以自给自足、适应经济和地域条件为准绳，个体的种种差异性和不确定性使得聚落具有极大的多样性与丰富性。自下而上对于变化是敏感的、及时的，通常以一种法定的规划设计准则来引导实施，在个体间相互协调、相互作用，逐渐形成共同的秩序。在城镇化建设的过程中，新村的规划设计和实施应该遵循场域内既定的运动状态，并以此为场所秩序抵御去精神化及场所精神的流失。

3．寻找集体记忆

集体记忆贯穿着整个人类的文明史和人类改变环境的历史，是人类无意识的产物。人类的每个发展阶段都在不断地修改着集体记忆，而集体记忆在文明的发展中作为文化和物质的基因得以遗传，间接地塑造了物质环境并保持了人居社会的稳定状态。

和田河流域传统村镇聚落的人类活动是相对功能而分离的人居活力的记录，即使是已经消亡殆尽的西域古城，虽然它的历史和功能都已经结束，但它却成为承载历史记忆的场所，以一种无言而又永恒的精神存在形式保存着曾经的记忆。21世纪以来大规模的传统聚落有机更新项目逐年增加，项目任务也更趋多目标及综合化发展，但不难发现，在一些已竣工的项目案例背后存在着大量有悖于集体记忆的现象，在时代精神的张力下，以标榜原型的抽象意义去制衡复杂的社会关系，甚者以“民族”、“地域”为借口去迎合利益趣味。不可否认随着全球化发展以及我国现代化事业的不断推进，社会经济模式的改变，势必会在城镇化建设的过程中冲击原住民的聚居结构，甚至动摇地域文化根基，然而人类社会的发展是一个与时空演进完全同步的、不可避免的复杂现象，如今的人居领域早已不再止于“生存”的边界，而有机更新的职责就是要将更新带回到人居现象的根源上去，并将人们心中的记忆唤醒，以一种“顺理成章”的手段影响对未来聚居空间形象的塑造，以原住民的集体记忆创造新的人居环境。

三、聚落优化的措施

（一）核心空间整理

和田河流域传统村镇聚落在发展过程中是一个长久建立起来的相对平衡的少数民族人居系统，聚落内部的人居关系促成了聚落空间的有序组织，在有机更新进程中，聚落的内部与外部空间、物质与精神空间不断与新的技术、政策制度、经济形态、人居文化等进行着高强度的信息交换，为传统村镇聚落提出了新的要求，也不可避免的对原先的聚居空间带来巨大的“冲击”，因此在实施聚落优化的过程中，需要建立空间协调的基本框架，以及系统的空间研究体系，并从以下几个层面展开梳理。

1. 聚落的改建、扩建

聚落改建（图4-10）是在对原聚落整体空间形态格局不作重大调整的情形下，只对局部关键要素进行整治与改造，以挖掘聚落内部用地潜力来提升和发挥土地利用优势的一种聚落空间优化模式。在民居建筑方面，通过局部拆建方式，剔除聚落内部使用价值、保护价值相对较低的民用住宅，并根据空间特征活化与再利用聚落闲置地，使传统村镇聚落的紧张用地分布趋于合理，生产与居住用地混杂减少。再配合整体改造的实际情况，逐步增设市政设施、公共配套设施，以点状分布在原有聚居空间内部，进而加强社区服务功能与居住功能的有效衔接。

聚落扩建（图4-11）是由于传统村镇聚落人口不断增加或不能够满足新的经济发展需要等原因，在对聚落内部整治改造的基础上，向聚落外围有计划扩张的一种空间优化模式（图4-12）。随着乡土社会的变迁，城市化的冲击引发了新经济增长的需求和人口发展带来的用地紧张问题，都需要通过适度的、有规划的扩建方式来缓解。合理的扩建措施必须是可持续性的，必须要坚持“统一规划、合理布局、综合开发、配套建设”的基本方针，优化土地资源建设，并贯彻近远期相结合的发展原则，为下一步的建设管理工作和规划实施提供科学依据。此外，需要重视扩建区与原有区域的衔接与资源互补，从而促进原住民空间与新空间社会关系的交流与自然过渡。

2. 增强公共节点的辐射力度

和田河流域传统村镇聚落内部通常广泛分布具有一定宗教功能的大型公共建筑，例如清真寺、经文学院、古城遗址等，绝大部分为国家文物保护古迹。由于清真寺是少数民族地区寄托并弘扬伊斯兰精神堡垒的神圣之地，是穆斯林社会物质环境中最重要的可识性符号，因此，基本作为区域中心、民区群中心或街坊中心存在，不但以其教义的抽象概念和肃穆的场所精神辐射着周边从属

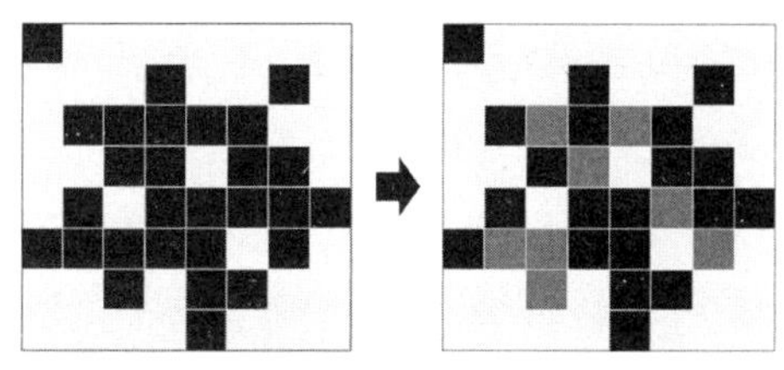

图4-10　聚落改建模式
（图片来源：作者绘）

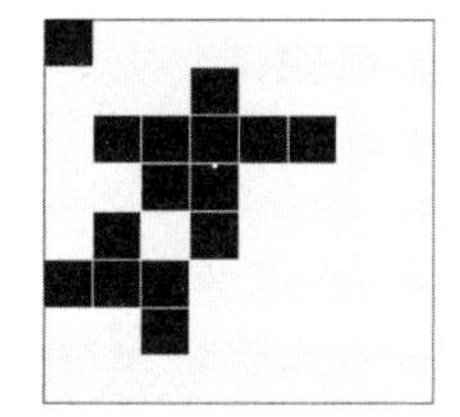

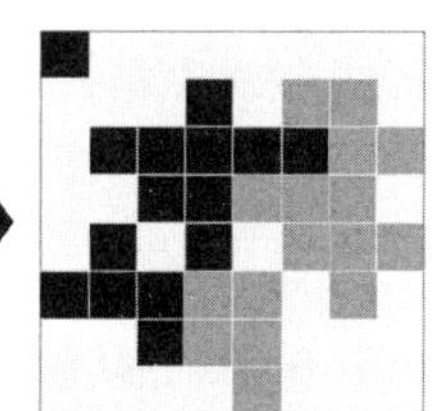

图4-11　聚落扩建模式
（图片来源：作者绘）

图4-12 徕宁城遗址
图片来源：艾山江

图4-13 清真寺前有限的公共空地
（图片来源：作者拍摄）

的宗教单位及民居群空间，更是原住民进行短暂社会交往活动的主要公共空间，主导着当地的人居文化发展（图4-13）。针对清真寺等宗教建筑空间的调整，可以从景观设计、公共艺术设计的角度入手，例如加大文保力度，采用修旧如旧的方式适度开发，以景观设计手段将其塑造成为极具区域控制力的“门面空间”（图4-14）。再配合拆改建工作，在拆建区域增加新的景观节点与绿化体系，增加现代公共活动空间或绿地空间的数量，增强公共空间节点的辐射范围，使原本仅集中于宗教建筑附近的公共空间向民居群空间延伸，从而提高聚落内部的流动性。

3. 协调道路系统

由道路系统所构成的交通网络是聚落空间的重要组成部分，它将分散在聚落内部的生产、生活活动连接起来，对提高聚落的有效运转以及促进经济发展起着十分重要的作用，同时聚落空间的布局、结构、规模、大小都需要依托交通网络的支撑。随着时代的发展，机动车取代了牛马运输，成为日常出行重要方式，给排水等市政网络的建设完善，弱化了聚落和河道之间的密切关系，道路系统网的机能逐渐成为影响、制约居住环境及居住品质的瓶颈因素，特别是机动车的广泛使用后，这一矛盾更加突出（图4-15）。因此如何在着眼于安全性的基础上，协调道路系统的规模尺度、通行流量、交通时间以及步行范围的建设，使道路系统从均质状态向符合状态转换，对和田河流域传统村镇聚落的有机更新至关重要。针对聚落空间道路系统的调整，可以先从机动路径入手，首先应该明确区分“聚落——邻里——宅院”三个空间等级，并以此为基础规划道路等级的功能和走向。街道应以聚落范围为单位，在聚落内部形成回路，并承载主要的内部交通压力，兼具公共交通道、人行道的功能，明确规划停车区域与路政设施区域。其次是步行路径，传统村镇聚落的步行路径网络承担了聚落生活中交通出行、社会交往等多元化的需求，大部分的公共空间节点也是依附于步行系统建立起来的，因此由步行路径所构建的道路系统凝聚了聚落的群体价值，也是增强聚落内部空间活力的关键点。然而由于彻底的步行交通在现代生活中存在适用性的问题，因此在空间协调过程中，可以采用灵活的设计手

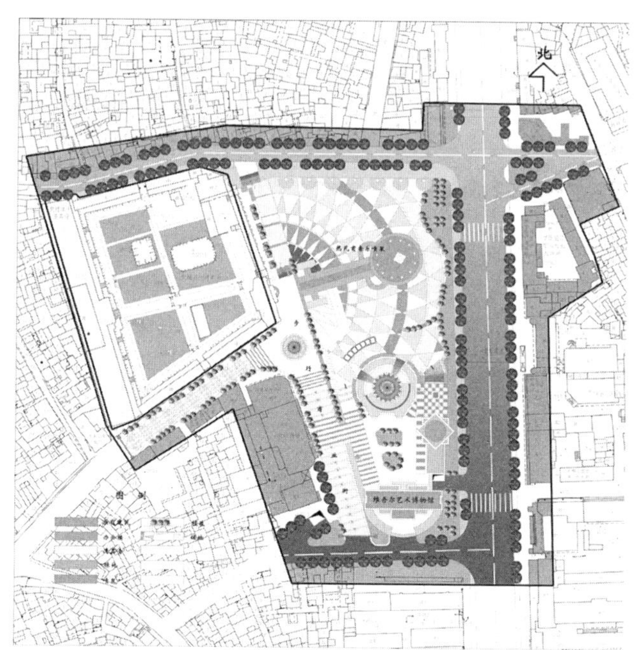

图4-14　艾提尕尔清真寺前广场景观设计平面图
（图片来源：《喀什历史文化街区保护详细规划》文本，喀什市人民政府）

图4-15　车行道与人行道混行
（图片来源：作者拍摄）

法，以开合变化的步行空间引导步行路径与机动路径衔接，再依据各公共节点载体不同的辐射强度，提高街坊区域内步行空间的可视性与可达性。

（二）区域组团协调

区域组团是指聚落内外部空间布局以及相互关系的组织规则，现阶段新疆少数民族偏远地州尚存在大量的小型带状聚落或若干散点布置的自然村及民居点，受职能型聚落的辐射力度较小，并正面临着发展凋敝无序、空间结构散乱、生态环境意识淡薄等突出问题，严重制约了当地社会经济的总体发展，因此需要进一步协调聚落的区域组团关系，提出相应的整体规划策略，以促进新农村建设的有效实施。按照乡村聚落空间的集聚思路，以及和田河流域传统村镇聚落的自然地理分布条件，可以将聚落分为“带状延伸型”和“块状聚集型”两类。

1. 带状延伸型

带状延伸型聚落是指由于受到线状因素的制约而形成的延展分布形态，此类型的聚落多受地势变化影响，通常以河道为基准，沿河道单侧或双侧展布，也有的沿着重要交通干线分布[①]。和田河流域传统村镇聚落普遍具有典型的带状延伸特征，因此聚落在优化过程中往往会出现以串珠状分段集中发展的态势，各个小型带状或散点状聚落之间以聚合空间为衔接，并明显表现出连绵的空间轴线特征，不同的产业结构对空间轴线的布局影响很大。首先，农业或牧业是和田河流域传统村镇聚落最原始、最重要的基础产业，现代农牧业通常以道路作为生产用地和居住用地的分界线，是原住民开展日常生活与活动的主要轴线。其次，为配合农牧业的发展，水系也对聚落的空间布局有很大的影响，生产用地应邻水布局且基本取决于河道、水渠的走向、形状和宽窄变化。居住用地与水系、道路保持紧密的布局结构，但是由于带状延伸型聚落的边界通常具有模糊性，因此需要在空间变化过程中利用道路系统和水系的布局起到梳理边界的作用（图4-16）。

---

① 王静、徐峰，村庄聚落空间形态发展模式研究，北京农学院学报[J]．2012，2：59.

2. 块状聚集型

块状聚集型聚落是指呈不规则团块状平面形态的聚落，此类聚落大多为改建或新建的大型职能聚落。和田河流域的块状聚集型聚落，其空间形态通常表现为集聚状，居住区围绕道路以及大型宗教建筑有秩序聚集成整体，彼此用地相连、集中布置，有明确的交通网络和功能分区，但就目前阶段发展状况来看，和田河流域的块状聚集型聚落多出现土地利用率较低、交通结构混乱、各产业空间散点或重叠分布。考虑到块状聚集型聚落的生产用地与居住用地通常分离，在建设过程中往往受限制条件的影响较小，能够基本满足土地利用和经济发展，因此可以在确保生态安全格局的前提下，合理配适各空间布局，例如按需确定居住用地规模并优先安排农业区，协调现代经济产业结构，完善公共配套服务建设，围绕聚居空间穿插并拓展生态、生产、文化与旅游等多元化产业结构，使聚落具有细胞分裂一样的灵活特征，呈现团抱形式扩张生长（图4-17）。

总体来看，和田河流域传统村镇聚落作为我国西部重要的少数民族聚落聚集区，近年来城乡建设发展已取得较大进展，然而随着我国工业化浪潮的推进，该地区大量传统村镇聚落正在经历前所未有的迅速膨胀，聚居结构、空间形态、建筑体系等物质及精神环境正悄然发生着巨大的改变，脆弱的生态环境与社会经济发展需求之间也产生了巨大的矛盾，因此对该地区传统村镇聚落转型及新农村建设策略进行的有益探索，为合理引导我国西部普遍存在的生态脆弱型乡村聚落发展具有重要意义。

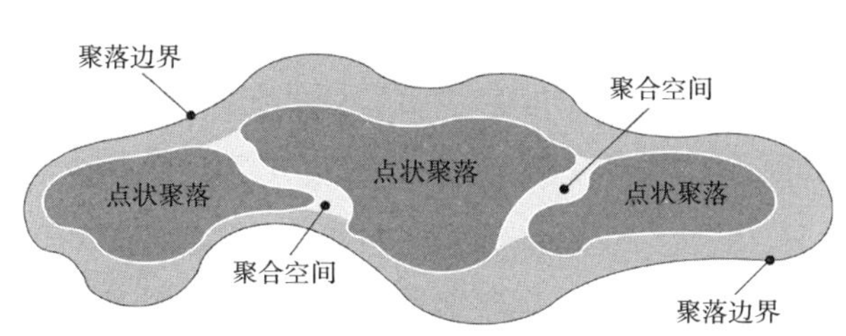

图4-16　带状延伸型聚落优化
（图片来源：作者绘）

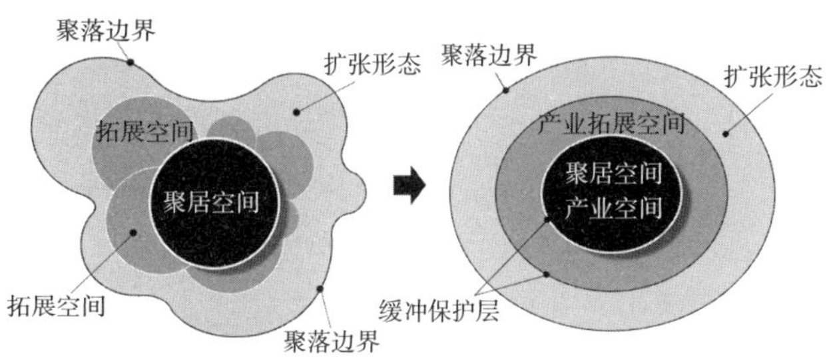

图4-17　块状聚集型聚落优化
（图片来源：作者绘）

结　语

历史是时代的历史，随着一个时代的结束，属于这个时代的一切便成为历史，包括一切有形和无形的东西。然而历史又是有积淀性的，因此那些在过去看似平常的事物，会由于时光的流逝而在新的时代中重新获得文化意义。和田河流域传统村镇聚落是新疆少数民族地区干旱绿洲生态格局下形成的典型乡土人居空间，虽在原始落后的生产力条件下诞生，但却记载了智慧的少数民族先民们顺应自然规律、地理规律并世代沿袭的建筑学与人居学经验。纵观那些几乎消亡殆尽并散落在茫茫沙海之中的古西域聚落遗迹，尽管斑驳残缺，却仍是西域古代社会局势、制度组织关系的生动范例，更是对一种特殊的聚居形态的真实写照。作为历史研究的范畴，聚落研究的一般原则是让过去的事物客观公正地呈现出来，特别是在今天，传统村镇聚落正处于急剧的变化消失之中，这就使得以详尽的记录和描述为主要手段和方法的研究更具紧迫和重要。传统村镇聚落作为传统人居形态的重要组成部分，以其丰富而生动的信息，成为找寻历史痕迹、挖掘传统文化、探究民族内涵等方面极佳的研究平台。近年来，学术界诞生了一批针对新疆少数民族乡村聚落集群、建筑美学的挖掘性研究，优秀传统人居文化保护也被列入了国家议事日程并逐渐进入了国际视野，对其进行深入研究无疑具有重要价值和深远意义。

时代的进步绝不应以忘却历史为代价，越是发达的社会越重视历史和传统的延续，因为它们带给人们无比丰富的认识空间和灿若星河的文化珍宝。虽然西域古城早已成为过去，随水而居的原始聚居方式与营建手法也已随着时间的流逝而成为历史，但这并不意味着这一经千年历史洗练积累的民族聚落形式黯无意义。

北京大学历史系教授朱孝远先生在谈论“历史艺术的创新直觉”时言道：“人们需要一种知识的底蕴，它往往会成为创新的来源，这种底蕴又是什么呢？它往往就是一种历史，历史就是人类文化的综合”[①]。和田河流域传统村镇聚落是长期以来少数民族群众智慧的结晶，透视该地区传统村镇聚落，处处可以发现因地制宜的环境意识、因材致用的构筑观念、因物施巧的创作思维和因势利导

① 文池. 在北大听讲座——思想的力量. 北京：新世界出版社，2000：78.

的设计意匠，还有那些包含于聚落建筑中精妙的美学成就，无不闪耀着地方工匠的独创精神，表达着人们对生活的热爱①。这些优良的民族民间聚居传统与艺术成就，传达着人们最本原的需要和感受，对于理性思维的现代城镇化推进而言，是不可缺少的重要理念，而以宗族血缘空间为场所认同的社会聚居结构，更是具有得天独厚的优势，在早期营建处理中自觉或不自觉投射出的先进性与科学性，无疑包含了更多、更深层次的价值和意义，也正是当代村镇建设中所十分欠缺的。因此对它们进行着重分析、总结与提炼，能够为当代的城乡、城镇建设以及决策部门、实施部门提供借鉴思路，并对今日之设计以及创构适地适生的人居理论有着不容忽视的指导作用。当前，新疆正处于大规模的城镇化发展之际，对那些正面临严重损毁甚至消亡的民族传统村镇聚落进行及时而有效地挖掘与保护，也是一项不容推却的历史责任。

① 王绚．传统堡寨聚落研究——兼以秦晋地区为例[M]．南京：东南大学出版社，2010：262.

附录

图片目录

表格目录

参考文献

[1] 李群．新疆生土民居[M]．北京：中国建筑工业出版社，2014.

[2] 陈震东．新疆民居[M]．北京：中国建筑工业出版社，2009.

[3] 王绚．传统堡寨聚落研究——兼以秦晋地区为例[M]．南京：东南大学出版社，2010.

[4] 浦欣成．传统乡村聚落平面形态的量化方法研究[M]．南京：东南大学出版社，2013.

[5] 李屹，吴郭夫．丝绸之路上外国探险家的足迹[C]．北京：五洲传播出版社，2005.

[6] 马大正．新疆史鉴[M]．新疆人民出版社，2009.

[7] 王昀．传统聚落结构中的空间概念[M]．北京：中国建筑工业出版社，2009.

[8] 张广达，文书．典籍与西域史记[M]．南宁：广西师范大学出版社，2008.

[9] 李安宁．新疆民族民间美术[M]．乌鲁木齐：新疆人民出版社，2006.

[10] 吴良镛．人居环境科学导论[M]．北京：中国建筑工业出版社，2001.

[11] 刘沛林．古村落：和谐的人聚空间[M]．上海：三联书店，1997.

[12] 郭黛姮，贺艳主编．库车老城区[M]．上海：中西书局，2010.

[13] 赵之枫．传统村镇聚落空间解析[M]．北京：中国建筑工业出版社，2015.

[14] 刘文锁．丝绸之路——内陆欧亚考古与历史[M]．兰州：兰州大学出版社，2011.

[15] 苗圃生，田卫疆．新疆史纲[M]．乌鲁木齐：新疆人民出版社，2004.

[16] 赵丰．丝绸之路美术考古概论[M]．北京：文物出版社，2007.

[17] 赵万民．巴渝古镇聚居空间研究[M]．南京：东南大学出版社，2011.

[18] 马学广．城市边缘区空间生产与土地利用冲突研究[M]．北京：北京大学出版社,2014.

[19] 包亚明．现代性与空间的生产[M]．上海：上海教育出版社,2013.

[20] 张胜仪．新疆传统建筑艺术[M]．乌鲁木齐：新疆科学技术出版社，2008.

[21] 姚思廉．梁书（卷54）[M]．北京：中华书局，1973年.

[22] 宋晓梅．高昌国——公元五至七世纪丝绸之路上的一个移民社会[M]．北京：中国社会科学出版社，2003年.

[23] 张文建．信主独一：伊斯兰教[M]．北京：世界宗教史话丛书，1999.

[24] 林干．中国古代北方民族史新论[M]．呼和浩特：内蒙古人民出版社，1993.
[25] 赵予征．丝绸之路屯垦研究[M]．乌鲁木齐：新疆人民出版社，1996.
[26] 苗普生，田卫疆．新疆史纲[M]．乌鲁木齐：新疆人民出版社，2004.
[27] 王小东．伊斯兰建筑史图典[M]．北京：中国建筑工业出版社，2006.
[28] 李青．古楼兰鄯善艺术综论[M]．北京：中华书局，2005.
[29] 丁晓仑，王博．尼雅遗址[M]．乌鲁木齐：新疆美术摄影出版社，2004.
[30] 李江风．罗布泊和古楼兰之谜[M]．北京：气象出版社，1991.
[31] 陆元鼎．中国民居建筑[M]．广州：华南理工大学出版社，2003.
[32] 徐清泉．维吾尔族建筑文化研究[M]．乌鲁木齐：新疆大学出版社，1999.
[33] 马平，赖存理．中国穆斯林民居文化[M]．银川：宁夏人民出版社，1995.
[34] 范霄鹏．新疆古建筑[M]．北京：中国建筑工业出版社，2016.
[35] 岳邦瑞．绿洲建筑论——地域资源约束下的新疆绿洲聚落营造模式[M]．上海：同济大学出版社，2011.
[36] 陆元鼎．中国民居建筑年鉴（1988-2008）[M]．北京：中国建筑工业出版社，2008.
[37] 张安福．汉唐屯垦与吐鲁番绿洲社会变迁研究[M]．北京：中国农业出版社，2013.
[38] 艾比不拉•卡地儿．罗布人：绿洲文化变迁的人类学研究[M]．北京：社会科学文献出版社，2014.
[39] 支小军，刘永萍．新疆绿洲产业结构变迁与生态综合承载力系统的协调性研究[M]．北京：中国农业出版社，2014.
[40] 闫海龙，李雪梅．新疆绿洲城市群培育发展与路径选择研究[M]．北京：经济管理出版社,2015.
[41] 尤飞，张振世．绿洲农区城市化模式研究——基于生态经济视角的实证分析[M]．北京：中国农业出版社，2009.
[42] 王鑫．晋中传统聚落与建筑形态[M]．北京：清华大学出版社，2016.